Marc Hendrickx

LEONARD COHEN, UN BUSCADOR DE LA VERDAD

El hombre, su poesía y su obra

TRADUCCIÓN DE RAMÓN SALA GILI

editorial
MILENIO
LLEIDA, 2008

Título original:
Yesterday's Tomorrow. Leonard Cohen

Sant Salvador, 8 - 25005 Lleida
editorial.milenio@cambrescat.es
www.edmilenio.com
Primera edición: febrero de 2008
Depósito legal: L-9-2008
ISBN: 978-84-9743-236-8
Impresión: Arts Gràfiques Bobalà, S L

LEONARD COHEN, UN BUSCADOR DE LA VERDAD

El hombre, su poesía y su obra

Dedicado a Varlam Sjalomov (1907-1982)
símbolo de la impotencia
y de la esperanza del hombre

Índice

Prefacio

A los grandes hombres no se les suele comprender hasta que el paso de los años los pone en perspectiva. El mundo ve mal de cerca, y anda siempre despistado ante lo que ocurre delante de sus narices.

Robert W. CHAMBERS

Como autor de varias biografías, me inclino a suscribir lo que dice Robert W. Chambers. Aunque a veces haya caído en el extremo contrario, y al escribir sobre la vida de alguien me haya dejado llevar por el ridículo romanticismo de las casas natales o de los mechones de pelo; en definitiva, si me he dejado embargar por el deseo de formar parte de todo ello, siempre he podido evitar que el producto final resultase una cepillada hagiografía que hiciese triples saltos mortales entre las anécdotas y las citas, con la soltura de un *parlando*[1] académico. Pero eso fue entonces, y el presente es ahora.

El libro que tenéis en las manos, anda por otros derroteros. No es un hito, el resultado del trabajo realizado por el catastro oficial, ni la "biografía definitiva". No es ni siquiera la vida de un artista, plasmada en palabras,

1. N. del T. En italiano, literalmente, "hablando". Se dice del canto que imita el habla.

sino un careo. Una comparación de maneras de pensar. Variaciones de un refinado acto de equilibrista, entre el humor y la tragedia, entre sueños ambiciosos y patéticos fracasos, entre un corazón aventurero y una voluntad a la vez débil y fuerte.

Éste no es un libro con pretensiones literarias: quiere ser humilde. Literatura sin ínfulas. No hay respuestas fáciles, que en todo caso suelen ser falsas; no hay conclusiones directas. ¿Un "viaje sentimental"? Quizá sí, si podemos desprendernos de la connotación negativa que los sentimentalismos nos sugieren. Y sin embargo, ese modo de denominarlo, encaja dentro de esta pequeña historia. Al fin y al cabo, reconoce su deuda con las experiencias, literales o filosóficas, de vidas errantes y con el desazonador sentimiento de que el lado oscuro de esas vidas quedó grabado con más fuerza que el otro. Con cuidado, va a anotar las consecuencias de las pequeñas deflagraciones internas y externas, ampliando los detalles hasta que sugieran una existencia humana más amable; adversa a los romanticismos rarificados.

A lo largo de los años, Leonard Cohen se ha referido repetidamente a su escritura como un modo de vida. Aquí, con estas páginas, declaro abiertamente la misma convicción. Como él, voy a continuar buscando (arrastrándome si hace falta) temas que me sean importantes y de los que tenga necesidad de hablar. Por supuesto que cuando sea posible, con tono ligero, aunque (espero) sin degenerar nunca en la cháchara que a veces suele pasar por información. Esa clase de escritura nominalmente no ficticia, carente no ya de hechos, sino también de conciencia y alma. Puro espanto para cualquiera que escriba tomándose en serio la escritura, sus lectores y su propia existencia.

Si llegas tarde a la salida del tren en el que yo voy,
ya sabrás que me he ido.
Podrás oír el silbido de la máquina a cien millas,
cien millas, cien millas, cien millas, cien millas

Hedy West
Jacques Plante[2]

2. Fragmento de *500 Miles*, canción tradicional adaptada de la más antigua *900 Miles*.

Capítulo 1
Los invitados

"A mitad del viaje de la vida, me encontré en un oscuro bosque oscuro, del que había desaparecido todo rastro de camino." Podría ser él, hablando. Pero hoy, cerca de setenta años después de que Leonard Norman Cohen profiriera su primer grito en este mundo, el sanador y profético poeta mira hacia atrás sin ira. Su *Divina Comedia* está casi terminada.

Vuestro seguro servidor, en cambio, continúa varado en el linde de esa oscura enramada, con el reino de los pensadores todavía fuera de su alcance.

En mis días pasados he escrito acerca de personajes de tamaño sobrenatural, organizaciones o asuntos importantes. En cada caso, iluminé el mundo en que se movieron, los motores que les impulsaron y el impacto que tuvieron. Eso fue para mí un modo casi inconsciente de otorgarles mi reconocimiento. Conozco los temas que escojo. Hay pocas otras cosas en las que crea tan intensamente y con tal exigente fuerza que esos temas.

Comparto este territorio con un alma afinada de esta manera: la de Leonard Cohen. Él recurre a un lenguaje que puedo entender, ilustrando sentimientos en cuyo espejo me miro. Éste, nuestro lazo, se encuentra en la base de este libro. Y, aunque soy propenso a cierta sensata admiración, también soy capaz de poner las cosas en perspectiva; un rasgo que adquirí como consecuencia de una inesperada visita que me hizo uno de mis ídolos juveniles, cuando yo tenía catorce años. No hay nadie que a esa tierna edad piense que es lo suficientemente importante para que una de las personas que más admira se presente ante su puerta.

Ese encuentro tuvo otro resultado: siempre he sentido que mis biografiados tenían que disponer de un espacio vacío a su alrededor, para que todo lector con un poco de desparpajo pudiese suplir sus propias conclusiones, en aquellos momentos en que la interpretación y la intuición van a serle más útiles que la prosa periodística trazada con tiralíneas.

Sepultar una vida rica bajo un volquete de datos y presentar el resultado como una biografía, no es algo que me atraiga. Por ello, permitidme que clasifique ese método como un acto de amor asfixiante.

El hombre que regaló Marianne y Suzanne al mundo, que comparó la ilusa esperanza humana con un pájaro en el alambre de una línea, avisándonos y animándonos a todos, ha sido durante años mi compañero de fatigas. Raramente su voz y su música han dejado de tejer un capullo alrededor de mí. He festoneado con sus citas todo lo que he escrito.

Pero hoy, dejo ir a Leonard Cohen. No esperéis que encontrar a "mi" Leonard Cohen dentro de las páginas de este libro; únicamente hay el precipitado de lo que su obra ha significado para mí, además de los ciento y uno acontecimientos que marcan la vida de todo hombre. Por lo tanto, lo que vais a leer no es fácilmente clasificable, porque es un mosaico sin un verdadero principio y sin un auténtico fin. Una narración en la que las diferentes secuencias han encontrado a tientas su orden, sin exigencias de un plan previo. Llamadle una canción, con un texto estructurado en amplios versos y variaciones musicales de diferentes temas.

El núcleo de la trama, su alfa y omega, está en aquello que comparto con Leonard Cohen. Quizá lo más importante sea que los dos escribimos. Cohen no es la clase de persona con un teorema que lo cubre todo. No adopta una actitud de "*le génie, sinon rien*"[1]. Tampoco ama las generalizaciones. La verdad es demasiado compleja para ser tratada así; es mucho más difícil de comprender de lo que parece a primera vista. Esto es lo que él dice: "Soy un escritor serio. Creo firmemente en el valor de la seriedad absoluta, especialmente dentro de una cultura del público entregado a la frivolidad y la distracción. Vivimos en un universo moral. Hay un juicio. Vivimos todos la vida del corazón; la gente se toma sus vidas en serio."[2] Es lo mismo que haces si escribes. Cada día, a cada vez, escoges esa inevitable dirección: la verdad. Sin tener en cuenta que a veces va a ser conflictiva, o, por lo menos, incómoda. Los principios y la afición te obligan a continuar. Hay que cumplir la promesa, aunque "no cuente para nada". Todo tu ser te pide que el trabajo se haga bien, que la tarea se

1. N. del T. En francés en el original. "El genio; si no, nada". Título de un libro de Christophe Marchand-Kiss sobre Serge Gainsbourg.
2. Jeff McLaughlin. *The Boston Goble*.

ejecute a conciencia. Y la mejor ayuda de la que dispones es la sobria seriedad; esa misma seriedad que a menudo es declarada culpable de ser aquello que te impide divertirte sin preocuparte de nada. La misma seriedad con la que Leonard Cohen traza su ruta. Es un camino que compartimos desde hace tiempo. Uno sabe que, en el fondo, da resultado, incluso si uno no siempre tiene el *zeitgeist* soplando a favor. Es algo que tiene su importancia. A pesar de que probablemente limitará el tamaño de una obra, es el elemento que por sí solo hará imposible ser prolífero.

Cohen me enseñó que, además de ser consciente de tu propia capacidad para convertir algo en real, uno necesita una comprensión extremadamente meridiana de sus carencias, debilidades, inconsistencias y deslices. El modo en que te sientes cambia según el énfasis o la regularidad. Te embarga la ambición por lo que estás haciendo, pero aparecen también horrorosas dudas e instantes de malsana reflexión. Poder o no poder se convierten en tus polos, cuando no en tu eterno doble amante que, en ese punto del fluir del tiempo, azuza tu caballo o lo hiere.

Hay algo que comparto con él porque es casi universal: nuestro deseo de regresar. Regresar a la autenticidad. Regresar adonde hemos dejado a alguien. Regresar a un influjo, un lenguaje, unas raíces; el eterno regreso a casa. En tanto que para mí eso está casi exclusivamente relacionado con mi trabajo y mis parejas, el poeta cantor opta claramente por una franca relación con Dios, algo que con demasiada ligereza suele atribuirse a su educación clásicamente judía.

Porque eso, en Cohen, va mucho más allá de la forma; la trasciende. Su *If It Be Your Will* (*Si ése es tu deseo*) es muy esclarecedor, en cuanto a esto. Es una plegaria musitada con completa devoción. La esperanza se ha transformado en fe. La dignidad ha substituido a la vergüenza. Llámele, quien le habla, Dios, Yahvé, Alá o lo que sea; Cohen le suplica reconciliación y unidad dentro del verdadero amor. En los textos sobre el amor hay multitud de matices. Pero no es frecuente encontrar un análisis complejo, con sus "cómo" y sus "porqués" y los retos y oportunidades que implica. Si el interlocutor resulta ser el Ser Supremo, la mayoría de plumas pronto son seducidas por los clichés.

La de Leonard Cohen, no. Es abierto, honesto y directo. Su corazón es lo suficientemente grande para que, sea quien sea aquél a quien se dirige, se nos aparezca como un Dios con vida, un laudable y creíble participante en la conversación. Es por esto que para espíritus creativos como Cohen (y muchos escritores), el dilema entre "sacudir la conciencia de la gente" y "¿para qué sirve hacerlo?" es algo muy subsidiario a su propia batalla interior. Una batalla con el tema, con el punto de vista que adoptas como persona humana. Para usar la plegaria de Thoreau: "¡Oh Gran Señor! No os pido mayor recompensa que la de no defraudarme a mí mismo."

Es una elección perturbadora pero inevitable. Le ofrece al ser humano una perspectiva clara, donde para muchos (a sabiendas, o superados por sus propias carencias) sólo habrá una vida limitada y roma. Al optar por lo primero y marcar el propio camino, uno utiliza su vida; sus experiencias y el subconsciente forman las bases.

Leonard Cohen no es el tipo de intelectual que, por un breve instante, baja de su nube para meditar sobre el mundo. Prefiere escuchar, que la realidad le dé clase. Intenta continuamente romper la osificación, la rigidez que nosotros mismos hemos impreso a la vida. Es una elección del individuo hecha para el individuo. No se tapian las grietas de uno ni se intentan sublimar con tu arte o con el arte a secas. Al contrario: aceptas el enfrentamiento. Este enfrentamiento, este encararse, el tuétano de la existencia de Cohen, no se corresponde en nada con algunos abyectos clichés que pretenden describirle: "decadente impostor", "charlatán con impulsos neuróticos", "mayorista de melancolía y tristeza", "gurú del pesimismo con moralejas deprimentes".

Como buen escritor, observa, escucha y graba. Descubre lo que quiere descubrir y lo anuncia sin lloriquear; lo que no quiere decir que sus letras sean optimistas. Él no es Dom Helder Cámara, no es alguien que evangeliza a la gente, insuflándoles un entusiasmo que dé significado a sus vidas. No es un rebelde de terciopelo a la Oscar Wilde. No es alguien que esté en peligro de convertirse en burgués por haber sucumbido al anquilosamiento de sus facultades. Su papel es el de observador; uno que desea ver la vida tal como es, no tal como debería ser. Sólo quiere experimentarla; pero, sobre todo, quiere captar el sentido de las cosas. Éste es el mensaje que nos manda. A eso, él le llama "informar". Con la necesaria elocuencia, pero sin florituras. Afilado, lúcido, sin sarcasmo, raramente cínico, consigue sin aparente esfuerzo desenmascarar el páramo emocional de las clases medias.

Sus palabras hablan a muchos, y, sin embargo, Cohen no hurta sentimientos ajenos. Su poesía y su música no constituyen una recreación culturalmente plácida del mundo; son, más bien, una imagen que ablanda nuestra percepción con la música, mientras la agudiza con la letra. Su voz consagra; sus letras son azufre y fuego. La ambigüedad es ubicua; la profundidad absolutamente indispensable. Afortunadamente, su sabiduría no cierra el paso al esporádico destello de humor. Sólo en apariencia, resulta difícil reconciliar las distintas visiones de Leonard Cohen: poeta y observador crítico, corazón solitario y conocedor de la mujer, asceta y degustador de exquisitos vinos, escritor abatido y cálido espíritu. Si observamos la vida y obra del artista con una atención algo más que inconsciente y nos abrimos a los ricos matices que nos brinda su intensa vida interior, inmediatamente obtendremos una imagen global realmente aceptable. Un hombre en evolución, progreso e incesante crecimiento, propulsado por una poderosa fuerza interior.

Si uno escribe, puede desear hacerlo desde su punto de vista como ser humano, pero el acto de escribir es un acto que inevitablemente tiñe la visión y la vida de quien lo lleva a cabo. Esto aparte, ser escritor no es algo que anule todo lo demás: en el escritor siempre quedan trazas del autor como ser humano. Y, además, están los otros seres humanos. Incluso si aquellos que comparten conscientemente este camino están a menudo embargados por idénticas compulsiones. Sería prácticamente imposible que no lo estuvieran: sin objetivo ni marco de referencia, uno se replegaría sobre sí mismo y su entorno inmediato. Un mundo cuya experiencia resulta excesivamente limitada para cualquier individuo motivado. Si uno se siente impelido a emborronar hojas en blanco, necesita disponer de un espíritu de banda ancha. El pasado está casi siempre tintado por el presente. Casi siempre; de vez en cuando aparece un enloquecido fanático, alguien que intenta recrear lo más fielmente posible las circunstancias originales, rompiendo las desgastadas costuras.

Cuando esto ocurre, se hace evidente cómo cambian las observaciones y percepciones. Atónita, la gente se queda mirando... "¿Fue realmente así?" Una pregunta que tranquiliza, aunque sólo sea momentáneamente. Hasta que uno se derrumba, porque ¿cuál es el peso específico de lo que has dado por sabido? ¿Qué felicidad puede comprarse con la certeza de que cada vida individual de un artista merece algo más que un examen superficial?

El esteta de la memoria está continuamente reajustando el espejo retrovisor de la vida. ¿Quién, a los veinticinco años, ofuscado por el canto de sirena del pasado, enmarcado por la melancolía de la pérdida, mira realmente atrás? Uno mira al firmamento, hacia una estrella situada a años luz. Intentando imaginarse cómo se sentiría sobre otro de los planetas, mirando hacia la Tierra y viendo que todos sus héroes continúan vivos, jóvenes y llenos de empuje. Pero echar la vista hacia atrás no es suficiente; ni siquiera es algo que tenga realmente relación con uno, más bien es algo que versa sobre ese indefinible "nosotros". ¿Quiénes somos "nosotros"? ¿De dónde venimos? ¿Qué factores contribuyen a conformar ese proceso?

Cuando nos vemos obligados a enfrentarnos al pasado, la mayoría de nosotros sólo queremos ver lo que fue bello. Otros, en cambio, no pueden esperar a tomar la máxima distancia posible. Y, sin embargo, sin memoria digna del nombre, no hay vida. Aun así, sólo una minoría es realmente capaz de mirar en la cara a lo sucedido, sin egoísmos ni apegos, intentando dilucidar las lecciones invisibles implícitas en cualquier experiencia.

Para personas como Leonard Cohen (y para mí), eso es un modo de explicar quién es uno mismo. Significa poner el dedo en la llaga y removerlo, acentuando la enfermedad, la fealdad y el declive. Hablar de la muerte, el olvido, los celos, la carencia de amor, la frustración. Porque la distancia es importante. El distanciamiento, en el espacio y en el tiempo, es un elemento indispensable para informar correcta e íntegramente.

Soy consciente de que manejar la memoria, las palabras, es algo típicamente judío. Soy asimismo capaz de percibir el riesgo que implica convertirse en un adicto a la memoria, dejándose atrapar por los alargados tentáculos de la tradición y por la tragedia de las oportunidades desaprovechadas.

¿En qué momento un suceso se convierte en memoria? Es algo que me pregunto. Me doy cuenta de que no entendemos nuestra época. De que somos incapaces de percibirla como lo harán quienes vengan después de nosotros. Lo he comprobado más que suficientes veces. Pero mientras las historias sirvan para definir el paisaje de nuestra memoria, voy a continuar contándolas, con toda veracidad y honradez; contra corriente, si hace falta.

Hoy día, los medios de comunicación suplen el papel de la memoria reciente. Son una fuente de historias que definen el curso del río. Aunque eso no sea ninguna novedad, es un fenómeno bastante determinante. Quien contempla su obra con una aguda conciencia temporal, observa y sufre el hecho de que el campo de tensión en realidad abarca varias décadas. Cada suceso es tributario de ello. Las grandes reputaciones se crean o se funden en la primera página de los periódicos, con la misma frivolidad con la que se consigna la noticia de que alguien ha cumplido cien años en las páginas locales.

Lo único que te mantiene en marcha es el convencimiento de que los seres humanos son capaces de una asombrosa magnificencia, según las circunstancias en que se encuentran, el modo en que se perciben a sí mismos y el hecho de que puedan aceptar lo que eso les dice de ellos mismos. Al hacerlo, uno se convence de ser capaz de inclinar su equilibrio personal en la dirección adecuada. Y si no es así, lo único que quedará será la fealdad, la imperfección y una inmensa y desgarradora carencia. En cualquier caso le servirá de lección. Sea como sea, uno sale ganando.

Y así, uno intenta construir el puente adecuado entre el borrador de las notas acumuladas y esa imposible tarea que ha estado acuciando su vida desde hace años, intoxicándole la mente día tras día. A través de ello, el trabajo de uno eventualmente se convierte en un libro, en una entidad propia. Pones tanto de ti mismo en él (con la sempiterna esperanza de capturar una visión de lo que has estado persiguiendo durante años y transmitirla), que hacerlo se convierte en algo ineludible.

Este libro trata del hombre, su vida y su destino. Considera la posición del individuo en el mundo; su felicidad, el despertar de su conciencia, la caída, la fe, el sentido de misión, el amor, la vejez y la muerte. ¿Conceptos obsoletos? En realidad, no. Incluso si aceptamos que somos ángeles caídos, no hay manera de eludirlos; al fin y al cabo, creamos nuestra propia verdad. Y lo hacemos, no porque la busquemos con convicción sino porque somos espejo de los demás y propio.

Por desgracia, muchas de nuestras fuentes no son fiables y nuestras opiniones están frecuentemente contaminadas, directa o indirectamente. La libertad que se obtiene con la sabiduría es algo que a muchos les resulta difícil de manejar. Prefieren dejarse llevar por la holgazanería o evadirse con actividades que llenen el vacío; algo que hoy día los numerosos fariseos del mundo están más que dispuestos a proporcionar. Detrás de cada palabra que se nos dirige, puede oírse el sonido de la caja registradora. La sociedad concede el derecho de existir al individuo, únicamente como consumidor potencial. A los demás se les niega su singularidad, aplastándoles bajo toneladas de anuncios, incentivos y casi obligaciones.

Comprar una barra de pan se ha vuelto difícil. Tiene que ser pan de varios cereales, sin gluten, o simplemente pan basura; puedes darte por contento si no viene empaquetado con el nombre de alguien famoso por lo que sea. Hoy día, quienes carecen de talento, aquellos sin una sola idea o chispa que anime su discurso, se dedican a editar revistas sin pies ni cabeza o a producir programas de televisión donde se explota a la gente sin ninguna compunción. Los joviales dictadores de la diversión comercializada, el hueco vacío y la labia de corta permanencia, han logrado incluso meter el pie en la puerta del mundo, en su día serio, de la edición de libros.

"El infierno son los demás", dijo Sartre. Podríamos apostillar que es sencillamente imposible escapar de quienes quieren probar hasta la saciedad cuán infernales son en realidad. En la tele, en la red, en la calle, sobre el papel. Por todas partes muestran sus apabullantes banalidad y estupidez, siempre dispuestos a manipular y ser manipulados. El infierno que así crean consiste en un voyeurismo recubierto de una dosis de interés propio.

El modo en que la mente puede llegar a afligirte es perturbador. No puedo dejar de preguntarme si esas personas alguna vez llegan a un punto donde se hacen conscientes de que son completamente falsas y farsantes. Es como si no tuviéramos otros fantasmas que ahuyentar, como si careciéramos de nuestros propios miedos y engaños.

¿Cómo se maneja la libertad? ¿Cómo se dirigen nuestras vidas? El individuo decide. Junto con Cohen, nos preguntamos si vamos a crear nuestra propia verdad, si dejamos que lo hagan en nuestro nombre, o si nos olvidamos de ello. Muchísima gente ni siquiera llega a plantearse la cuestión. Se dejan enmarañar trágicamente por sus propias existencias, sin ver que ellos mismos son los autores de su propio teatro. En sus mentes reina una opresiva conciencia de que todo es inevitable y de que no es posible controlarlo. Dan albergue a esos sentimientos porque eso les permite decirse que lo que les sucede no es culpa de ellos; algo que es un alivio, pero que, a la vez, es fuente de dolor autoinfligido. Ciertamente, es posible que uno esté en el control; que elija. Quien profundiza bajo la piel de las cosas, ve que nadie escapa a las consecuencias de sus actos.

Sabiéndolo, ¿hubiese podido concebir un plan para este libro? Hay un proverbio que dice que el camino hacia el infierno está pavimentado con buenas intenciones.

Y sin embargo Cohen, palmario como siempre, tiene algo que decirme: "El corazón está siempre deseando, exigiendo, añorando, poseyendo, reteniendo, perdiendo. Ése es el terreno del corazón... Es importante que los verdaderos sentimientos de la sociedad y la vida del corazón queden constatados."[3] Si se me permite, diría que Cohen y yo llevamos nuestras almas a la misma tintorería. Quizá el objetivo del presente libro sea crear una comunidad de solitarios. ¿No sería ésa una maravillosa paradoja? ¡Bienvenidos al club!

No es broma: un escritor tiene una mayor consciencia de que la vida sólo acarrea desilusiones; es algo que sabe y que siente con una mayor intensidad que la de los demás. Los padres mueren, los amigos desaparecen, los hijos se convierten en extraños, la salud se va, el amor se convierte en un desastre. Y, entre tanto, el deber llama. Es esa perenne bifurcación en el camino, en tu propio fangoso sendero. Literatura, sí; pero quizá sólo literatura marginal, insignificantemente mínima. Pero, a la vez, mil veces superior a lo que puede alardear cualquier jurado o literato de relumbrón. De modo que te lías la manta a la cabeza.

---

3. *Leonard Cohen: Prophet of the Heart*. L. S. Dorman, Music Sales Corp., 1990.

Y, sin despreciar a nadie, me atrevo a afirmar que éste es un libro comprometido, aunque el compromiso se haya convertido en un concepto contaminado. Digamos que no carece de valores. ¿Un libro blando con ideas duras? Quizá. Pero, sobre todo, dejemos que sea una penetrante alegoría, un permiso para pensar, para clasificar verticalmente las ideas, para activarlas, para sopesarlas, para…

Debo decir que estoy dominado por una idea que me hace reclamar mi libertad sin ninguna sutileza. Se encuentra al final de la introducción a *El capital*. Allí, Karl Marx escribe: "Sé que mucha gente atacará esta obra. He hecho lo que he podido, y por ello sólo puedo recurrir a citar al Dante, 'Sigue tu camino y deja que la gente murmure.'"

Como una vacilante antorcha, *The Guests* (*Los invitados*) exhibe su excepcional compasión. Empatía con quienes tienen, y con quienes *no* tienen. Una invitación personal, independientemente del modo en que cada uno vive su pasión. ¡Sed todos bienvenidos!

Uno a uno, van llegando los invitados;
los invitados están ahí.
Muchos, con el corazón afable;
algunos, con el corazón roto.

Uno a uno, van llegando los invitados;
los invitados están ahí.
Algunos, con el corazón roto;
muchos, con el corazón afable.

Leonard Cohen

¡Maz'l tov!

Eso, darnos la enhorabuena, es algo que hacemos automáticamente. Para acontecimientos de cualquier tipo y en todas las situaciones posibles e incluso las imposibles. Sin embargo, el concepto es tan vago que apenas nos resulta útil. Debajo del término, probablemente se esconden los anhelos y sentimientos más etéreos de todos aquellos que puede albergar el ser humano. No hay "hora" que sea toda "buena" (ni mala, de hecho). No hay nada que reciba el abrazo simultáneo de esos dos enemigos: la razón y el corazón. Frecuentemente, a un momento de contenido desgarro le sucede un sentimiento de paz. Schopenhauer, un filósofo misántropo a más no poder, llegaba incluso a creer que los humanos no somos capaces de ser realmente felices. Esto hizo que Nietzsche le considerara "un cobarde, que pretende vivir como un asustadizo ciervo en medio del bosque."

Si somos capaces de adentrarnos sin temor en el bosque, veremos que el individuo, mientras la comunidad en la que vive sea unida y funcione como un solo bloque, casi nunca pone en duda que su existencia tiene un sentido. Algo que no ocurre si se pierden las tradiciones y el colectivo se hunde en un desolador anonimato. Llamémosle a eso "presente". Estamos atiborrados de nosotros mismos; percibimos únicamente el tiránico y prácticamente ateo "yo".

No tenemos en cuenta que ya Marx observó que confundimos con demasiada facilidad "libertad" y "libre comercio". En tanto que no nos extraviemos del trillado camino de la producción y el consumo que nos marca la sociedad, podemos decir que somos libres. El natural anhelo por una vida con sentido se ha pervertido en una desesperada obligación de ser feliz, y parecérselo a todos.

En cambio, la felicidad real, la felicidad espiritual, tiene un número mucho más reducido de pretendientes. Es decir, todo tiempo empleado en sopesar si lo que uno es y lo que tiene es lo que siempre quiso ser o tener, es un tiempo perdido de antemano. Parecería que fuera preferible buscar un proyecto más realista: rebelarse contra el conformismo de la felicidad y equilibrar la vida de uno con la única ayuda de uno mismo, por ejemplo. Intentar ser consciente de vivir veinte mil días de existencia, parecería una noble ambición. El laurel (y el talón de Aquiles, a la vez) de quienes lo consiguen, es que son individuos solos. Como dijo el gran escritor neerlandés Willem Frederik Hermans, "Yo no sé qué es peor: si estar solo y pensar que lo estás, o darte cuenta de que todos los demás se sienten así de solos."

Una verdad tan inevitable como la salida del sol, e igual de abrasadora; una verdad de la que se aprovecha Leonard Cohen. Cohen da la prioridad absoluta al individuo, reduciendo la comunidad a nada que no sea el resultado de la suma voluntaria de los individuos. ¿Que así no se pueden erigir estructuras comunitarias? Bueno… el bardo probablemente nunca alcanzará un estado avanzado de integración en la sociedad. Suplica demasiado por su desaforada independencia y es radicalmente reacio a tomar bandos. *Various Positions* (*Posiciones varias*) no es un título casual. Quienes se aferran a sus puntos de vista, tendrán problemas. Una persona libre pone en duda todo aquello que flota en el aire. Abraza el malestar vital, es consciente y medita sobre el hecho de que sólo encaja en esta existencia con dificultad; vive en el conocimiento de que las cosas más valiosas de la vida no son "la felicidad" o "el goce". Conoce la satisfacción profunda que se experimenta cuando se supera un obstáculo que se había creído insalvable o se conquista algo que se pensaba inexpugnable. Su felicidad tiene la belleza de lo contrario, de aquello que no siempre encaja dentro de las costumbres reinantes y las normas aceptadas.

Leonard Cohen no se cansa de repetir que "esa existencia nuestra es algo muy serio". Su seriedad invoca la única cosa de valor que posee el ser humano, mientras se le permite llevar su existencia sobre este mundo: su propia vida. Hay una corriente que fluye por debajo de lo que le escuchamos decir: el sentimiento de que es inútil esforzarse explícitamente en ser feliz. Lo único que puedes hacer es pensar por ti mismo; no dejar que los demás lo hagan por ti. Más aún, si uno desea ser más o menos humano, piensa constantemente. ¿Cómo se explica la sencillez? ¿Cómo se llega a ser "libre como el agua que corre"?

Y así uno inicia su búsqueda; emprende el viaje.

Capítulo 2
La balsa de *La Méduse*

Oh días tan llenos de encantos,
habéis desaparecido.
Y mi país, ¡ay!,
no voy a ver nunca más

M. A. GERIN-LAJOIE[1]

El mito central de nuestra cultura es la expulsión del paraíso de la humanidad. No vivimos en el Jardín del Edén. La incapacidad de aceptar ese hecho es fuente de sufrimientos sin fin. Con demasiada regularidad, aparece algo o alguien (una institución, un partido político, una religión o un líder carismático) que nos promete un regreso al paraíso. Generalmente, personas peligrosas que quieren crear su propio paraíso particular utilizando la dialéctica que está a su alcance.

¿Cuál es la visión de Cohen? En una de sus canciones nos dice: "Sígueme, dijo el hombre sabio; pero él se puso a andar detrás de mí."[2]

1. *Un Canadien errant* (Un canadiense errante).
2. N. del T. *Teachers*.

¿El hombre como juguete del destino? ¿Condenado a ir por esos mundos? Nuestra búsqueda parece no tener fin y quizá nunca lleguemos a saber quiénes somos realmente; mientras, flotamos en este interminable mar: el cosmos de nuestras vidas. Ésta no es necesariamente una imagen desesperanzada; es únicamente una visión. El hombre que viaja, transformándose en lo que debe ser.

En el caso de Leonard Cohen, es un viaje que comparte con un dios que sigue el mismo camino. Con fe o sin ella, el viaje es más importante que la llegada; las preguntas, más importantes que las respuestas.

La conciencia de la mortalidad, ese incómodo compañero de viaje que reticentemente dejamos que nos escolte, nos imparte cuán necesario es intentar alcanzar la mayor intensidad del vivir. Un vivir que destruye implacablemente. Una vida que se desvanece, que desaparece transformada en humo, deteniéndose antes en una serie de instantáneas completamente nimias; luciérnagas en una eterna oscuridad. La compasión es algo odioso; lo que cuenta es la empatía. En las encrucijadas de nuestras relaciones y cuando llegamos al fin de nuestros días, todos esperamos contar con ella.

Por estos motivos, lo endeble de la condición humana no puede sino instigar resistencia; un desacomodo violento. ¡Es mejor que empecemos a hacer algo! Cantar, pelear, llorar, reír, trabajar o admirar. ¡Y viajar! No aceptar límites a la mente. Emprender una travesía, partir a la búsqueda. A todos nos hacen falta puntos de anclaje: relacionales, sociales, filosóficos, profesionales. El exceso de incertidumbres mina y deteriora la calidad de vida.

En un campo,
yo soy la ausencia
de campo.
Éste
es siempre el caso
dondequiera que esté.

Soy lo que falta;
cuando ando,
aparto el aire;
pero el aire
regresa siempre,
para llenar los espacios
que mi cuerpo ha ocupado.

Todos tenemos motivos
para trasladarnos.
Yo me muevo
para mantener intactas las cosas.

Mark Strand[3]

El hombre o la mujer jóvenes que emprenden este periplo pueden contar con que van a ser presas del pánico interior. A veces sus ataques van a ser de una grotesca intensidad. En uno de sus primeros poemas, Cohen describe al amante de una joven mujer como "un cuerpo ambulante de dolor". Dice: "Creo que éste es el océano

3. *Keeping Things Whole* (Mantener intactas las cosas), poema del libro *Sleeping With One Eye Open*. Atheneum, 1964.

en el que todos nadamos. Todos queremos disolvernos. Todos necesitamos olvidarnos de quiénes somos. Pienso que esto es el amor: olvidarse de quién es uno. Olvidarse de uno mismo es una experiencia tan deliciosa y atemorizadora como para constituir un conflictivo aprieto. Lo deseas pero en realidad no puedes soportarlo. Por eso creo que el papel de la educación, la cultura y la religión debería ser preparar a nuestro corazón para ese viaje al exterior de nuestro pecho."[4]

Naturalmente, eso tiene un riesgo: te deja absolutamente inerme. Rimbaud lo quiso todo, sin ninguna mesura, a lo largo de toda su vida. Y lo quiso inmediatamente, al instante; no tenía tiempo que perder. Aunque, en realidad, fuese todo lo contrario. El aburrimiento, la exageración, el descenso a los infiernos de la lujuria, la bebida y la inspiración, tenía que ser celebrado como parte integrante del "arte". Se convirtió en el arquetipo del hombre que asalta la vida: ávido, codicioso, salido, axiomático. Su mito es aún vigente. Tras el pequeño grupo de coetáneos para quienes sirvió de modelo, vinieron los surrealistas que, a su vez, fueron seguidos por los poetas *beat*, los intérpretes de jazz, los roqueros y los defensores del *revival* gótico.

Cuando cada uno era joven, tanto Cohen como quien esto escribe perdimos con regularidad nuestro camino. Como dice Bruce Springsteen, "nos fuimos a echar

4. Jeff McLaughlin. *The Boston Globe*.

carreras por la calle".[5] Sólo los adoquines son capaces de ser condescendientes con las personas que fueron cuando eran jóvenes. La mayoría de gente suele tener una espuria simpatía por su propia juventud; aunque, de hecho, ninguna juventud fue completamente inocente, maravillosa, responsable o divina. Cuando el hombre es joven, tiene en sí la semilla de todo: es una promesa en ciernes; absurdamente noble y malvado a la vez. Los jóvenes llenan sus depósitos con cualquier brebaje que les pueda propulsar fuera de este planeta y toman cualquier mandanga capaz de flambear su conciencia hasta erradicar todo sentimiento permeable. ¿Rebeldes? *¿Con* o *sin* causa? Una cosa se puede decir: rebeldes incapaces de sublevarse abiertamente. Pensadores a quienes no se les escapa ninguna faceta del mundo, ningún horizonte exterior de cualquier empeño: pero santos y putrefactos a un tiempo.

Solo aquellos que desean expulsar de sus vidas a la aventura y la sorpresa toman decisiones claras en su juventud. Cuando Cohen fue a la prestigiosa universidad de McGill, abordó una serie de distintos temas de estudio. Aunque uno de sus profesores, Louis Dudek, y, lo que es más, el lector invitado y *enfant terrible* de la poesía judeo-canadiense, Irving Layton, intentaron orientarle, Leonard trazó a solas su plan académico. "Leonard, ¿estás seguro de lo que piensas?"[6] solía preguntarle Layton muchas veces. (En lo que a mí se refiere, me eché de

---

5. N. del T. *Racing in the Street.*
6. Anjelica Huston. Entrevista en *Interview Magazine.*

cabeza con arrojado abandono al entorno que rodeaba a mis universidades. La universidad de la vida me llevó a un cúmulo de mundos, grandes y pequeños, a veces vagamente relacionados con la literatura. Por más que supiera que ningún escritor revela nunca nada y que sólo crea más preguntas de las que ya habían, me resultó imposible no empezar a escribir.)

Aunque cuando uno es joven disfruta de todos los prerrequisitos para ser feliz, contra toda lógica, uno puede pretender que tiene el derecho a ser hondamente desgraciado. Quien reflexiona, consciente o inconscientemente, casi nunca escapará al negativo sentimiento de absurdo que eso provoca. Una carga aplastante que puede desmoronar tu psique.

Cohen nunca ha tenido necesidad de parapetarse en un proustiano "paraíso perdido". En su obra no se encuentra la más leve esperanza; lo único que expresa es un desespero a veces plúmbeo. No obstante, ya Aristóteles dijo que "la esperanza es un sueño que progresa". O sea que uno continúa el camino de su vida, por lo menos, con la envergadura intelectual que le da ese pensamiento.

En esa fase del desarrollo de todos, queda aún muy lejana la desnuda doctrina oriental del desapego. En Occidente, resulta casi instintivo inclinarse por el camino de una mayor exploración. Todos esperamos regresar a casa algún día. Aunque, ¡ay!, como Cohen dice a bocajarro en *Un Canadien Errant*, "ya no tienes una casa". Como máximo, puedes regresar al pasado e iniciar tu propia búsqueda desde allí. En nuestras vidas, todos tenemos que crear nuestro propio punto de partida.

Somos todos herederos de nuestro lugar de nacimiento. Nacer en Montreal significa que uno forma parte de la historia de esa ciudad y que comparte sus estremecimientos. Cuando Cohen era joven, en esa ciudad ribereña había tres grupos sociales importantes: una mayoría de canadienses franceses, los canadienses anglófonos y una pequeña minoría de judíos. Estos últimos, a pesar de ser sólo un 2%, eran muy visibles porque habían contribuido de un modo desproporcionado al mundo del arte y la cultura. Aunque no se hubieran asimilado.

Yo nací en Lier, un lugar culturalmente baldío que he maldecido la mayor parte de mi vida. ¿Basta esto para liberarme? No; en realidad, no. Continúo siendo un chaval de un pequeño pueblo de Bélgica, ese pequeño país emparedado entre dos lenguas. Contrástese con la inmensidad de Canadá, atrapado de costa a costa en un similar abrazo de oso lingüístico. Ambos países sufren el mismo letargo, constantemente enfrentados por ajustes de cuentas con ellos mismos de un carácter surrealista. Si Bélgica puede presumir de Magritte, Canadá continúa disfrutando del partido de los *Progressive Conservatives*.

Los belgas enladrillaron medio país en un momento de locura. La mayor parte de canadienses viven en la zona fronteriza con Estados Unidos; el resto del país es un espacio tan vacío que ha atraído a todo tipo de chiflados religiosos.

Los escritores suelen llevar vidas sedentarias, pero sus mentes son descaradamente nómadas. En un rosario de cuentas ensartan sus experiencias acontecidas en los cuatro puntos de la brújula. No siguen un plan concreto ni líneas imaginarias. Muchas veces el único modo de presentar algo como plausible consiste en dar un rodeo.

Ni Leonard Cohen ni yo mantuvimos la lealtad con los lugares que nos vieron nacer. La máxima distinción honorífica canadiense, la Orden de Canadá, tiene como lema *Desiderantes meliorem patriam.*[7] Leonard Cohen lo llevó a la práctica incluso antes de que la orden fuese instituida en 1967. "Convertirse en lo que se suele denominar 'un bohemio' no era algo bien visto en familias como la mía", dice. "Adoptaron la posición de que era una fase adolescente que superaría. Pero no la superé. Se hizo cada vez más decidida."[8] Adquirió la fama de ser una persona en continuo deambular, físico o filosófico, con el mundo como único equipaje. Un hombre de cuarto de hotel. Aunque nunca se avino a decir verdaderamente adiós. Es aún un bohemio con raíces extraordinariamente profundas. En su más íntimo interior, guarda el deseo de regresar. Ya Platón sabía que el alma se emborracha cuando conoce el cambio.

Por fortuna, no hay tal cosa como una personalidad estática. Las visiones cambian, crecen, se marchitan y mueren. Pero, ancladas en la mente de toda persona de pensamiento recto, no son influenciadas por el tiempo ni por el temperamento. Los escritores no viven dando sus

7. N. del T. "Aquellos que desean una patria mejor".
8. David Browne. *Entertainment Weekly*.

espaldas al mundo. Ni siquiera alguien replegado por la necesidad de escribir hacia el interior de una vida de recluso se permitirá hacerlo. Todo está sujeto al cambio.

Pero cuando en otoño del año 1959 el joven Cohen aterrizó en Londres con la idea de escribir allí su primera novela, a pesar de disponer de una buena asignación y de un billete de avión que le permitía continuar viajando, decidió que quería quedarse un tiempo. Fue únicamente el mal clima de Inglaterra lo que le hizo cambiar de idea; Londres, paradigma más que sinónimo de "gris", le pareció una ciudad insoportable. Una gabardina Burberry y una máquina de escribir portátil fueron los únicos recuerdos que se llevó. Una ciudad tan insulsa, ensimismada e impermeable a la poesía y el jazz, era imposible que "swingeara" con sinceridad.

Así que continuó su camino, buscando su espacio en la diáspora. No escogió la pompa, la circunstancia y el confeti; Viena, pongamos por caso. Se fue a la sobria y desnuda isla de Hydra, entonces casi virgen. En la época en que Cohen llegó, era un lugar solitario y carente de comodidades, y las connotaciones románticas con que más adelante se orlaría este episodio de su vida no se corresponderían con la realidad. Allí realmente se sintió en el fin del mundo, y se instaló en la reducida e incómoda isla, con sus escasos 2.000 habitantes encajonados entre el golfo de Argolis y el de Aegina, con el mar Egeo y el Cretense a banda y banda. Hydra, un cementerio viviente comparada con Montreal, con su casi completo aislamiento y su vida barata, le permitió poner sus pensamientos en orden.

George Johnston y Charmian Clift, dos periodistas australianos, le habían precedido. En su libro *Peel Me a Lotus* (*Pélame un loto*), Clift contó su lucha por permanecer en la rocosa isla con sus dos hijos pequeños. Cuando Cohen llegó ahí, Johnston acaba de publicar *Closer to the Sun* (*Más cerca del sol*), donde contaba las primeras grietas de su matrimonio, los celos e infidelidades. La pareja ayudó al recién llegado a instalarse. Después vinieron otros escritores, músicos y pintores. A mediados de la década de 1960, cuando los Johnston se fueron, dejaron una pequeña colonia de artistas bajo el ardiente sol de esa isla tan torturadamente bella.

Cohen no era líder ni acólito. Desde su casa, "mil escalones" por encima de la encantadora bahía del puerto, formaba parte de la regular e inalterable vida isleña. El tañer de las campanas, el barco de los suministros que llegaba puntualmente a las diez, los gatos salvajes que venían a su terraza, la cháchara de los tenderos, las pezuñas de los dóciles borricos de carga golpeando el pavimento. Todo esto le decía que era uno de ellos, que también él tenía su silla reservada en el café, cuando llegaba el frágil y melancólico ocaso. Rituales que sólo se alcanzan cuando la persona consigue detener momentáneamente el ruido en el interior de su cabeza. Con idéntica persistencia a la de los elementos naturales que le rodeaban, Cohen se dedicó a su labor. En Hydra escribió algunos de sus mejores textos.

En otra escala más limitada, yo también escapé de mi provinciano nido. Desde un punto en las afueras del pueblo, inicié mi Odisea al margen del tiempo, en busca de claves. Me apliqué, primeramente, en buscar un modo sensible de escribir. Así como Cohen se había esforzado en buscar su singularidad, las reconstrucciones que yo creé me ayudaron a encontrar mi vía. Empecé a ver de un modo claro y enfático las conexiones escondidas. Estructuras e influencias empezaron a desvelar sus secretos y me empujaron hacia el único camino posible, que al cabo de un tiempo se convirtió en una certeza insondable. Llegué al punto en que uno se dice: Estoy empezando a encajar dentro de mi piel.

Y en ese punto, empieza la verdadera vida.

Indolente al principio, pero muy pronto exigente. El mundo exterior es exactamente eso: el mundo exterior al tuyo. Tan animado como el electrocardiograma de un muerto. La despiadada luz del mediodía apenas molesta. Una situación lo suficientemente intensa puede desencajar en un instante cualquier marco mental. Vives en tu propia nube, una nube inmóvil y con horarios, usanzas y costumbres inamovibles.

Esa necesidad de horarios draconianos que exhiben los espíritus liberados puede resultar sorprendente.

Cohen llega al punto de considerar que el antídoto perfecto para cualquier forma de anarquía es ni más ni menos que una buena estaca. Excluye inmediatamente y sin discusión a los soñadores. Su actitud ante la realidad, según él, es desganada. Hace pensar en lo que escribió Paul Valéry: "La mayor sabiduría nace de la disciplina más férrea." Aunque, si uno escribe, uno se ve obligado a añadir "y de una necesidad personal y del instinto de supervivencia". Cohen lo lleva incluso más allá: "Personalmente, me gusta el sentido del orden que se inculca en la instrucción militar. No me estoy refiriendo a la guerra. Estoy hablando del tipo de disciplinado aprendizaje que hace falta para abrir el corazón al hecho de que no está solo."[9]

La autenticidad y sinceridad deben ser los móviles. Hay que evitar las vías muertas, los rodeos y los atajos. Optar deliberada y voluntariamente por esa odiosa disciplina de todo-o-nada. Iniciar la larga introspección que nos hará concebir un camino estrictamente personal, y seguirlo. El tiempo, espacio y realidad en los que uno se mueve son sólo una apariencia, el telón de fondo. Mucho más importante es la síntesis y el equilibrio que se puede lograr entre las masas y el individuo.

En *Siddharta*, la Biblia de los buscadores, Hermann Hesse ya sugirió que no se trataba de integrarse en el mundo que nos envuelve. Que el asunto estaba más bien en hacer coincidir la visión de uno con un vago ideal del "yo". Allí yace la liberación, la autonomía en la que pueden resolverse todas las dificultades y contradicciones de la vida. Poniéndolo como Hegel, "la libertad es estar en posesión de uno mismo".

Desgraciadamente, la inmovilidad permanente no es algo que esté al alcance de un joven autor desconocido sin medios de vida, y Leonard Cohen no escapó a los dictados de las leyes económicas. Hydra, lo que debía ser

9. Amélie Brusq. *Leonard Cohen – Spring 1996.*

su hogar, se convirtió en su rampa de despegue. Si hasta entonces sus desplazamientos habían venido dictados en función de sus proyectos de escribir, ahora cogió la carretera y la manta con un objetivo completamente distinto: asegurarse con qué vivir. Su *Beautiful Losers* (*Hermosos perdedores*), aunque abrió nuevos terrenos y recibió magníficas críticas, no le aportó ninguna ganancia.

Decepcionado por lo parvo de sus frutos, Cohen alteró radicalmente su curso. Se le ocurrió que su poesía quizá se vendiera como letras de música *country*. Decidió irse a Nashville. Pero de camino hacia allí, cayó en una emboscada: el Chelsea Hotel de Nueva York. La calle vibraba, el vestíbulo cantaba, las habitaciones traspiraban la historia moderna de la cultura. A mediados de la década de 1960, todos cuantos aspiraban a convertirse en alguien dentro de la música folk o pop alternativa residieron o pasaron por ahí.

Leonard Cohen tuvo suerte; mucha suerte. No solo logró mantener su cordura en ese circo; desde el Chelsea lograría darse a conocer a todo el mundo como escritor de canciones y músico. Así es cómo lo recuerda él: "Picar una patata chip en una fiesta era algo literalmente peligroso; podía estar rociada con ácido. Fui a la habitación de alguien que daba un cóctel, comí unas cuantas chips y cuatro días después aún era incapaz de encontrar mi cuarto."[10]

Afortunadamente, el enorme éxito que alcanzó en esa época no ofuscó el sentido crítico de Cohen. En un

10. Nick Paton Walsh. *Guardian Unlimited Observer/Life*.

post mortem de los tan vanagloriados años sesenta, dice: "Todos fueron a por el dinero. Todos. La cosa murió muy rápidamente. Los mercachifles tomaron las riendas y pronto se hizo evidente que la cosa se había hecho huera."[11] El bardo no tiene contemplaciones con aquellos que deliberadamente se aprovecharon del espíritu de los tiempos. "No tengo ninguna canción que se titule *Give Peace a Chance*. Podría escribir una sobre la guerra y, si la cantase de un modo apacible, mandaría ese mismo mensaje, pero no me gusta escribir frases memorables."[12]

Yo, en cambio, tras seis años de duro batallar, por primera vez lograba atraer la atención de la prensa y el público. Dejémoslo en que fue toda una experiencia. Quizá lo más importante sea el libro en sí mismo.[13] Algo que aún continúa hoy, porque mi primera obra se ha reeditado varias veces. En los años transcurridos, algunos lectores que se tomaron el trabajo de leerla a fondo, han tenido la amabilidad de escribirme para decir cuán sinceras y ecuánimes les parecían mis conclusiones. Algo que resulta lógico si se piensa que Cohen me sirve de modelo a la hora de aferrarme a esa solitaria e intransigente meta: contar la verdad, o, al menos, intentarlo.

A la hora de hablar de la música popular moderna, los sabelotodos y pontífices culturales son legión. "El

---

11. Mark Rowland. *Musician*.
12. Alastair Pirrie. *N. M. E.*
13. N. del T. *Elvis A. Presley. Music, Man, Myth.* (Elvis A. Presley: Música, Hombre, Mito).

maestro dice que es Mozart, pero suena como un globo de chicle",[14] canta Cohen; frecuentemente, la basura se promociona como si fuera una gran obra de arte. Y viceversa. Cuando en el año 1956, Presley, él solito, puso el mundo musical patas arriba, fue denostado por los periodistas "serios".

Diez años después, Cohen corrió la misma suerte: "Acordaros del modo con que el *rock'n'roll* fue recibido por las autoridades, los musicólogos e incluso por la gente enrollada. Cuando me criticaban por ser esto o aquello, quienes lo hacían no eran el hombre de la calle. El hombre de a pie no me conocía. Eran gente enrollada, que escribían las críticas de la prensa enrollada." En otras palabras, era la gente que adscribía un papel innovadoramente original al "héroe de la clase obrera"; el cantante-compositor, gran terrateniente que pedía que le dieran una oportunidad a la paz, y su grupo; privilegiados beneficiarios de la mayor revolución musical del siglo pasado. ¿Que no se corresponde con la realidad? ¡No hay problema! Continuarán promocionando la idea. Algo que para un autor comprometido con la autenticidad y la honradez intelectual, como Cohen, no va a ser un problema: "Resulta muy difícil prever el veredicto con que se va a acoger una obra. Y lo que lo hace realmente interesante es que cada generación cambia las reglas del juego y decide en qué consiste la poesía y la música, rechazando a menudo los meditados juicios de las generaciones anteriores."[15] La música empieza donde acaban las palabras.

---

14. N. del T. *Waiting For The Miracle*.
15. Paul Zollo. *Songtalk*.

Tú,
sol y luna.
Yo
me baño en tus rayos

Esa iniciación a la escritura acabó hace ya mucho tiempo. El vagabundeo, literal y espiritual, trajo el conocimiento. La pasión perdió su carácter difuso y se centró cada vez más. Y, no obstante, ¿cuál es el valor de esa frecuentemente loada pasión? ¿Quién o qué la alimenta? ¿Y lo hace continuamente o sólo a ratos? Las respuestas a esas preguntas influencian más de lo que sospechamos nuestra percepción de la existencia.

Tanto Leonard Cohen como yo mismo pasamos nuestros primeros años de escritura dentro de un mundo que creamos nosotros mismos. Y, a pesar de que las estrictas y obligatorias normas bajo las que nos movimos eran las que dictaba el acto de escribir, no lo determinaron todo. La importancia del papel de nuestros respectivos acompañantes en la vida lo descartaba. Muy a menudo, rebasaban el escudo protector del escritor, secuestrándonos a nuestra creación, alterando la imagen que teníamos en mente y reclamándonos.

Como autores noveles, tropezamos con la diferencia entre realidad y percepción. Ambas nos siguieron día a día y de sol a sol, como si fueran nuestra sombra. Eventualmente "los detalles de nuestra zaparrastrosa luna de miel"[16] dejaron de tener importancia. Dejando aparte

16. *One Of Us Cannot Be Wrong.*

todas las razones secundarias, la verdad última es que el único matrimonio es con nosotros mismos, con nuestros ideales. El golpe que representa la desintegración del mundo que hemos autoconstruido es un impacto difícil de encajar. Los peores reproches que, correctamente, se le hagan a uno, junto con aquellos otros que uno se hace interiormente, son un puro horror. Y, con todo, eso no llega al daño que causa el estigma de ser clasificado como renegado; ser decomisado de tu misión en la vida.

De modo que hubo que empezar a buscar de nuevo. El bardo no estaba dispuesto a que se sugiriera que se enfrentaba al mundo como un simple hombre. También él fracasaba, se agrietaba y rompía. Reivindicaba que, en la vida, uno debía ser capaz de dejar cosas atrás. Hacer tabla rasa, aceptar las cosas como son, dejarlo todo y empezar de nuevo. Algo que para alguien como yo, encallado en los resultados de una educación muy conservadora, con la marca de mi padre en mi alma, constituía un desafío.

Cohen se fue a Tennessee. Le alquiló al compositor Boudleaux Bryant una destartalada granja en medio del campo. Tenía el espíritu devastado. Mentalmente, sufrió un colapso del tipo que mucha gente no supera. Yo no me fui más allá de Amberes, la ciudad que tenía más cercana; allí terminé viviendo como un marginado, completamente emasculado. En mi subconsciente, me veía en Alejandría, símbolo del conocimiento perdido, de la imposibilidad de saber y dominar algo. De libros que hubieran podido cambiar tu vida, destruidos.

De algún modo, las cosas que deben suceder realmente, acaban haciéndolo: nuevos destinos, nuevos senderos, nuevos escritos. En la época en que Cohen mantuvo su casa de Hydra como un refugio, y un apartamento en Los Ángeles como oficina, imité su enfoque y me preparé mi propio refugio y escribanía funcional. No se trataba de seguir su ejemplo; me dejé simplemente llevar por mi subconsciente, guiado por las experiencias, huyendo de la rutina y buscando el estímulo que da el implacable anhelo de seguridad. Para ambos, el ascenso y la caída, por diferentes que fueran, al final se convirtieron en el instrumento de reencuentro con el propio ser. Nos ayudaría a acercarnos a la esencia, a nuestra tarea ineludible y a la última consecuencia de ello: la verdad. Tarde o temprano, todos tenemos que mirar a la verdad de frente. O como dice Cohen: "Somos atraídos por la verdad. Cuando la oímos y la vemos, nos hipnotiza. Estamos hambrientos por la verdad. Ante las diferentes formas y maneras con que se presenta, quedamos siempre atónitos. La puedes oír de boca de tu amigo, tu mujer o tus hijos. Puede aparecer en la letra de una canción que escuchas en la radio. Y, cuando lo haces, resulta que es algo tan precioso que inmediatamente te atrapa. Por eso me siento incómodo confinando la expresión de la verdad a un único ámbito de acción. Hay millones de personas que van a la iglesia y obtienen un verdadero sustento de la liturgia, del hecho de formar parte de su comunidad religiosa. De modo que nunca estaré en situación de poder decir dónde se manifiesta con mayor claridad o belleza la verdad. Porque el hecho es que estamos continuamente rodeados por la verdad, y que a veces lo sabemos y, a veces, no."[17]

Los pájaros cantaron
al hacerse de día.
"Empieza de nuevo",
oí que decían.
No pierdas el tiempo
pensando en lo que ya pasó
o en lo que aún no ha pasado.

Tañe las campanas que aún pueden repicar,
olvídate de tu ofrecimiento perfecto;
todo tiene una grieta:
así es cómo entra la luz.

Leonard Cohen[18]

---

17. Moses Znaimer. C. B. C.
18. *Anthem*.

Capítulo 3
Hasta el infierno está podrido de arco iris

No soy la vida, no soy la muerte,
ni soy esclavo ni soy libre.

Leonard COHEN[1]

Las retazos de vida que he ofrecido nos llevan de regreso a nuestras almas. Con un nuevo punto de partida: el reconocimiento de nuestras limitaciones. Puede que haya disminuido la tensión entre la nostalgia y la resignación, entre perseguir sueños y comprometerse seriamente; pero no se ha disipado. El carácter que había sobrevivido a una *histoire sauvage*,[2] refugiándose en el interior, se ve ahora capaz de abrirse de nuevo; incluso más que antes. El conocimiento íntimo de las veredas que has recorrido te empuja irremisiblemente hacia las posibilidades que te quedan por descubrir. Y no hay ninguna acumulación de tejido calloso, ni carencias enciclopédicas que valgan.

1. You Know Who I Am (Live Songs).
2. N. del T. En la Escuela de Historia china se considera "salvaje" a la historia que no es juzgada digna de ser conservada por la historia oficial o "verdadera" (zhengshi), pero que puede suscitar el interés de un lector actual.

Ni siquiera la propia estupidez de uno, que ya es decir, es capaz de pararlo.

Wittgenstein consideraba que nunca seremos capaces de comprender ciertas cosas y que, por lo tanto, uno hará bien en guardar silencio sobre ellas. Goethe fue lo suficientemente lúcido para recalcarnos que deberíamos fijarnos en "el prado verde", en aquello que para cada uno de nosotros nos hace soportable la vida. Louis-Ferdinand Céline, como maestro de ceremonias de la negatividad, no cesó de predicar la futilidad de vivir. Visiones, todas, bellas y estilizadas.

En cambio, y a pesar de la reputación que tiene desde hace décadas (la de ser "ese melancólico hombre de ideas negras como la tinta china" o "ese pájaro de mal agüero"[3]), Cohen nos ofrece un punto de vista que se acerca mucho más a aquello que es auténtico y real: "Suele darse por sentado que la perfección no existe. Que el nuestro es un mundo roto, y que con el corazón derrotado vivimos vidas rotas. Pero eso no nos excusa de nada."[4]

Sólo desde esa cima puedes empezar tu andadura entre las ruinas.

No hay manera de evitar la absurda imperfección de la vida. Todos llevamos la marca de Caín. Ricos o pobres, con todas las diferencias en bienestar y privilegios, todos recibimos la misma mano de cartas. Oscar Wilde era consciente de que en una sociedad donde la propiedad

---

3. Robert Hilburn. *Los Angeles Times Sunday*.
4. Michel Field. *Le cercle de minuit, France 2 TV*.

implica una enorme distinción social, títulos honoríficos y respeto, la persona nacida ambiciosa se va a proponer incrementar sus propiedades personales. Al perdedor en ese juego le espera el dolor, la pena y la ruina. La pérdida de toda certeza, convicción y fe en sí mismo. Dicen que la adversidad y la derrota curten al hombre. Y es así, si antes no lo han roto ya completamente. En momentos de ordalía no es raro pensar que has visto mejores futuros. No hace falta que nos convenzan de eso.

Pero escuchemos a Cohen: "Un pesimista es alguien que espera que va a llover. Yo, en cambio, ya estoy mojado, y no pienso que va a llover. Ya estamos en medio de la catástrofe; es inútil esperar a que suceda. Todos lo sabemos. Cada vez hay más signos de que nuestra empresa no es muy sensata. La cantidad de sufrimiento del que uno se entera es algo aterrador. Lo único que se acerca a un consuelo es el 'Hágase Tu voluntad'. Uno debe preguntarse hasta qué punto quiere convertir eso en el principio regidor de su vida: la idea de que todo se despliega en un mecanismo que te resulta imposible entender. Y que lo tomas, o lo dejas."[5]

Sea lo que sea que escojan, la gente se va a pelear por las migas del pan de la caridad. La vida es nuestro principio y nuestro fin, más allá de las fronteras del tiempo y del espacio. Y en aquello que la vida respeta o no respeta, casi nunca podemos descubrir ninguna lógica o el humanismo que decimos cultivar. Sólo dos muestras:

---

5. Doug Sanders. *Toronto Globe and Mail.*

los incontables genocidios y el modo con que tratamos a nuestros coinquilinos terrestres, los animales. ¿Quizá una y la misma cosa? ¿Un estímulo de la cultura contemporánea de acción en grupo? Da igual; uno tiene ahí material para abrir un debate teológico. Los budistas, por ejemplo, profesan un respeto hacia todas las formas de vida; algo que los cristianos no hacen. Pero de lo que realmente se trata es de permanecer alerta. Los ojos deben continuar mandando señales dolorosas al cerebro, incluso si han visto ya excesivas verdades. Marguerite Yourcenar hace años decía que el riesgo de que nos acostumbráramos a esto no era algo baladí. Al referirse a lo que ocurrió entre los años 1940 y 1945, decía que nadie, ni siquiera los mismos soldados que los custodiaban, hubieran osado cargar a la gente en vagones del modo en que lo hicieron, si no aceptáramos desde que se inventó el ferrocarril que no pasa nada si algún animal muere asfixiado en un vagón de transporte de ganado.

Hace tiempo que andamos por aquí:
hemos luchado, hemos volado;
más que nada, hemos caído,
hemos sobre todo corrido.
Y, de vez en cuando, intentamos
corregir el daño que hemos hecho.

Leonard Cohen[6]

6. *Song of Bernadette.*

Ya estamos: el sentimiento de culpabilidad. Como si ya no fuera malo que tengamos que vivir con nosotros mismos y nuestras debilidades, resulta que también disponemos de la capacidad de adscribir un contenido moral a las aberraciones de nuestro comportamiento y el de los demás. Aunque, bien mirado, ¿a quién le continúa molestando la conciencia hoy? Con cada día que pasa, mejoramos nuestra habilidad en encontrar coartadas. "Yo soy así" es el mantra del momento. Aunque no deje de ser verdad.

Al despertar, no te ofrecen la posibilidad de ser aquel que desearías ser ese día. Te guste o no, estás atrapado dentro de ti. No obstante, dispones de una opción: en todo lo que haces se encuentra la ineludible elección entre Apolo y Dionisio; la mente o la celebración; la razón o el placer. Al final una cosa está garantizada: esto te arrojará de nuevo en manos de la culpabilidad. ¿Terrible? En realidad, no.

Cohen dice que los sentimientos de culpabilidad "son una parte esencial de la mente humana" y cree que resolverlos a través de la medicación o de otros medios es un gran error. "Pienso que la culpabilidad es un excelente indicador de estar haciendo algo mal, o de que has hecho algo mal. Debería ser estudiada, abrazada, analizada y bendecida. Como ser consciente no puedes ni debes huir de ella."[7] Una persona ecuánime es un escudriñador del alma.

7. Spencer Bright. *London's Daily Mail.*

El truco está en tomar nota, sin refocilarse en nuestra impotencia humana. Por muy emancipados que estemos, apenas traspasamos el umbral de la observación. Somos patéticos hedonistas, ridículos mitómanos que en vano nos debatimos contra nuestra insignificancia. Sólo a través de ser conscientes, ese "zen" que lo pone todo en perspectiva, podemos empezar a recoger las piezas de nuestra ruinosa existencia y transformarlas en una realidad funcional, para vivir en serena armonía con nuestro entorno y con los demás seres con quienes compartimos morada. Llámese "Hágase Tu voluntad", o defínase como una conciencia puramente Lucebertiana[8] que nos da a percibir nuestro papel dentro del universo. Es nuestro único consuelo.

Dice Cohen: "La luz es la capacidad de reconciliar tu experiencia, tu pena, con cada amanecer. Esta comprensión, que está más allá del significado, es lo que te permite vivir y aceptar los desastres, penas y gozos que componen nuestro destino. Pero sólo llega tras reconocer que todo tiene una grieta. Cualquier otra mirada está condenada a una irrecuperable tristeza."[9]

Mirar a un espejo ha dejado de ser equivalente a asomarse al abismo. Por segunda vez, reclamas el protagonismo en tu propia y limitada tragedia. Al fin y al

8. Lucebert era el seudónimo de Lubertus Jacobus Swaanswijk (Amsterdam, 1924-1994), un pintor y poeta holandés perteneciente al grupo COBRA. Su punto de partida era el vacío o el caos, a partir del cual era posible renovar el lenguaje con las palabras que se manifiestan solas. De este modo, el lenguaje se convierte en concreto y terrenal, pletórico de salvajes asociaciones.
9. Barbara Gowdy. *One on One*.

cabo, uno se convierte en humano al entrar a formar parte como individuo de la humanidad. Al hacerlo, la propia identidad puede verse amenazada con quedar determinada parcialmente por los demás.

La pregunta es: ¿Estás o no estás lastrado por todos los convencionalismos que te son impuestos? No cabe duda de que en el interior del grupo estás más protegido que en el exterior; eso, sin hablar del miedo. Miedo a nuestras propias carencias, a la violencia y a la muerte. ¿Implica esto que debemos despedirnos del individuo?

No en nombre de Leonard Cohen ni en el de quien esto escribe. Nuestras ansias de libertad están fuera de duda. Y, no obstante, parece que a ambos nos resulta atractiva la idea del Mesías.

Creemos en la hermandad, en una sociedad que sea compasiva, con gente que viva para algo más que para ellos mismos. Optamos por un estentóreo humanismo. Al caer el telón, creemos que deberíamos ser capaces de continuar creyendo en las personas. Capaces de continuar resistiendo la supremacía del dinero, las instituciones y las religiones. Como persona, es indispensable que uno funcione autónomamente, sin restricciones de las estructuras dominantes.

A veces esto te hace sentir como si sólo te estuvieras frotando contra la realidad, sin jamás llegar a abarcarla. Pero hay que recordar que si no se puede asir la realidad, hay que intentar purgarse espiritualmente. Dejar de pensar por un momento en ideologías, rituales o preferencias; dejar de pensar. Regresar a la fuente. Vivir con toda intensidad como una concha vacía, hueca, sin contenido, reacios a los ruidos que nos convocan a la aventura, el nihilismo o la lamentación. Abrir el armario donde se esconden todos nuestros anhelos y miedos. De este modo, uno se verá pronto liberado del humano deseo de conectar el futuro y el presente, la muerte y la vida; un deseo que transforma la existencia en una cárcel con dos puertas de entrada. La cosa no gira alrededor de la vida y la muerte, sino sobre la intensidad con la que se vive.

Oigamos a Cohen: "Todos llegamos a un punto donde debemos encontrar un sentido en nuestras vidas, cuando tenemos que buscar metáforas que nos expliquen el significado de nuestra propia vida. Sea a través de la caridad, la meditación, la terapia o el enriquecimiento monetario; independientemente de lo que uno escoja, el objetivo es el mismo: dar con la parábola que dé significado a nuestra profunda hambre. Las tradiciones religiosas encajan ahí, pero si para alguien no lo hacen, vendrán otras interpretaciones. Todos estamos continuamente examinando, debatiendo y corrigiendo nuestras metáforas. No son algo que se adquiera de una sola vez para siempre; es una actividad sin cese. Uno la reescribe continuamente, a su manera." Con toda lógica, Cohen declina proponer una meta de vida unificada. "Conocer el propósito o significado de la existencia es algo fuera de nuestro alcance. Nuestro objetivo, si lo hay, está en sosegar nuestra búsqueda de sentido, porque es un deseo inalcanzable."[10]

10. Christian Fevret. *Les Inrockupribles.*

Yo personalmente, desearía propagar un circunspecto esfuerzo por la pureza y la autenticidad; seguir los impulsos de uno y disfrutar. Hacer que otros disfruten, sin dañarse a uno mismo ni a los demás. Hay que ser escéptico con los "senderos luminosos", los líderes carismáticos, la publicidad, el autobombo o las modas.

Vivir conscientemente significa vivir contra lo que te aconseja la razón, porque cuando la lucha parece inútil, la pelea interior aún no ha empezado. La resistencia no se inicia con grandes conceptos, sino con pequeños logros.

Y convocado ahora, para que te ocupes
de tu invencible derrota,
vives tu vida como si fuese real,
a la profundidad de mil besos.

Leonard Cohen[11]

Nadie controla su propia vida. Si así fuera, cada vida parecería distinta. Prácticamente todos, pondríamos inmediatamente en práctica las necesarias, y a veces drásticas, reformas. Comprender que no tenemos el control, es el primer paso hacia nuestro irrevocable despertar.

Como dice Cohen, "Hay que comprender que uno debe vivir como si su vida fuese real, como si uno fuese el director y sus decisiones tuviesen consecuencias que fuesen predecibles. La vida consiste en elegir; por lo tanto, tenemos que continuar escogiendo como si ésas

11. *A Thousand Kisses Deep.*

fuesen elecciones reales que pudiéramos controlar. La idea subyacente es que uno no dirige la obra sino que vive su vida 'a la profundidad de mil besos', y con esta frase quiero expresar que hay que aceptar el misterio y rendirse ante él. Y ni siquiera esto está bajo tu control. Antes de experimentar la rendición, ni siquiera conoces su aspecto."[12]

De este modo, el bardo que una vez describió una huella en la nieve, la traza del paso de una persona, como su "juego favorito", aterriza en su tema favorito: la rendición. Cohen sabe mejor que muchos otros que nuestro corazón, esa maravillosa víscera, está continuamente vomitando emociones: eternas piedras contra las que tropezar. Sin concesiones, añade con perspicacia que uno no conoce el gozo hasta que consigue desaparecer y perderse en el momento presente. "Cuando uno no existe, puede disfrutar de lo que recibe. Cuando abrazas a tus hijos o bebes un vaso de agua fría, por ejemplo. Cuando uno está sediento se disuelve en la fría agua, en el dulce abrazo de un niño, y se olvida de sí mismo. Son situaciones refrescantes, conforman un paraíso donde no existe el ego. Pero uno resucita sin tardar y, si hay suerte, resucita con el residuo de la experiencia."[13]

La sucia realidad. Durante un instante no estás seguro de que estés realmente ahí. Luego viene el sobrio

12. Jordi Saladrigas. *ABC*.
13. Martin Oestergaard. *Euroman*.

consuelo. La verdadera perfección del hombre no reside en lo que posee sino en lo que es, en lo que podría ser. Según Roger Walsh, psiquiatra, filósofo y antropólogo, los términos "ascetismo", "amor", "virtud", "concentración", "sabiduría" y "servidumbre" son palabras clave para lo que él denomina "los siete caminos del corazón y la mente". Aunque parezca que esté extrayendo un manojo de términos de la plétora de conceptos de las distintas religiones del mundo, esa ristra de palabras nos acerca a nuestra pequeña verdad personal. Uno se erige como persona libre, preparada para abrirse y entregar su corazón.

Génesis

Todos nacemos y, en ese aspecto, todos somos iguales. Aun así, el futuro no ofrece a todos las mismas oportunidades abiertas. La familia en la que uno nace es un factor crucial. En la vida del joven Leonard Cohen, la tradicional visión judía de la familia como clan, alrededor del cual gira el mundo, fue un eje central; un determinante pétreo. Leonard no nació en una familia ordinaria. Los Cohen, Kohanim, miembros de la casta sacerdotal de Israel, tenían encomendadas grandes responsabilidades en el mantenimiento de la Tradición, con mayúscula.

Lyon Cohen, hijo de un judío lituano que emigró a Canadá poco después de que se fundara la federación, era propietario de la fábrica de confección más grande del país. Además, fue el presidente más joven de la sinagoga más importante de Canadá y vicepresidente de la primera organización sionista de ese inmenso país. Por si eso fuera poco, fundó el primer diario judío en lengua inglesa del continente norteamericano. Nathan B. Cohen, hijo de Lyon, resultó herido cuando servía como teniente en la Primera Guerra Mundial y quedó inválido a consecuencia de ello. Nathan se casó con una mujer dieciocho años más joven que él, Masha, hija del rabino Klinitsky-Klein. El rabino, quien al igual que su padre y su abuelo se había dedicado a la importante tarea de mantener viva en Polonia la cultura hebrea, publicando obras teológicas, huyó a Canadá en el año 1923. Allí conoció a Lyon Cohen, con quien se había carteado durante mucho tiempo. No es de extrañar que la cosa terminase con el matrimonio de sus vástagos. La pareja tuvo primero una hija, Esther, seguida por el único varón: Leonard, el sucesor.

Mis primeros pasos en este mundo fueron acompañados por expectativas más modestas que pude encarar con menor presión. Tuve un padre listo y trabajador, muy convencional, cuya inocencia sólo era quebrada por su promiscuo amor por la belleza; algo que no era precisamente un muy buen augurio. No ayudó en nada el que su propio progenitor se hubiese visto relegado a un segundo plano por una serie de circunstancias imprevistas.

Ante la comedia humana que nos espera a todos, la juventud de alguien nacido en una familia acomodada sigue caminos imponderables. Cohen, un niño en los días de la Segunda Guerra Mundial, vio cómo el mundo en llamas le respetaba a él y a su familia. Vivían en una preciosa finca y el servicio doméstico incluía sirvienta, niñera y chofer, que se encargaba también del jardín. Cuando Nathan se veía obligado a guardar cama, algo que ocurría frecuentemente, Masha cuidaba de él. Por culpa de esto, los niños fueron muy influenciados por su niñera irlandesa católica, quien, para Leonard Cohen, representó la primera exposición a una fe distinta a la judía en la que hasta entonces se había educado.

Dice: "Teníamos una profunda fe y practicábamos; la religión estructuraba nuestras vidas. Pero mis padres no eran fanáticos ni armaban mucho jaleo sobre esas cuestiones. Para ellos, la religión era como el agua es para un pez. Cada noche del viernes celebrábamos el sabbat. Encendíamos velas; algo que aún continúo haciendo. Rezábamos, íbamos a la sinagoga el sábado por la mañana y a la escuela hebrea tres veces por semana. Además de la educación laica."[14]

Aunque hoy suene extraño, el joven Cohen no estuvo absorto por la religión, la palabra o el lenguaje sacro. Se considera afortunado por el hecho de que sus padres jamás le presentaron al ser supremo como un Dios estricto y exigente, algo que hoy clasifica como "un acto de gran compasión". Tan pronto como fue posible, fue escolarizado en casa, en la escuela laica y la hebrea, en la enseñanza de la *shema*, el credo judaico comunicado por Yahvé a Moisés en el monte Sinaí. A medida que fue creciendo, aprendió más y más palabras, hasta que fue capaz de recitarla entera. Se convirtió en parte de su conciencia interior. Tras la *mishnah* vino la segunda fase de su educación judaica: su *bar mitzvah*, la ceremonia más importante para un varón judío, después de la circuncisión.

Las tradiciones existen para abrir la puerta de nuestro futuro, de uno, enseñarnos adónde ir y lo que debemos hacer. Con ellas vienen la mezquindad y los grandes ideales, la estrechez de miras y el calor; algo de lo que uno no se puede desprender, del mismo modo como ello

14. Christian Fevret. *Les Inrockuptibles*.

no prescinde de ti. Si consigues que esa emoción llamada "pasado" no te ciegue, ésta es una de las primeras conclusiones a la que llegas. Mi dulce y bien intencionada abuela hizo todo lo que pudo para sustituir a mi ausente madre. La buena mujer también me suministró una buena ración de ideas muy tradicionales acerca de Dios y sus funciones. A diferencia de Cohen, ese lenguaje sí que me emocionó; lo que no logró marcar mi alma fue el contenido. El Salvador que me ofrecieron, me pareció demasiado ensuciado por conceptos de culpabilidad y castigo, superados hace ya tiempo.

Es curiosa la facilidad con la que un niño consigue desentenderse de una gran carencia. En la existencia de Leonard, su padre pareció ser solamente una fugaz sombra, más vivo en las imágenes filmadas que en el propio cine de su imaginación. Al morir, cuando él tenía nueve años, Leonard supo por primera vez lo que era ese dolor. A mí, en cambio, por más que viviera en una familia truncada, jamás se me ocurrió pensar que en mi nido faltasen la seguridad y la plenitud que un niño tiene derecho a esperar. Como máximo, la única sombra que cruzó mi infancia de vez en cuando y sin prevenir fue la amenaza que supuso algún modo de hacer de mi madre.

Con un poco de mala fe, a ambos se nos podría tachar de niños desdichados. Leonard creció mullido. Yo revoloteé a lo largo de una adolescencia incluso excesivamente despreocupada. Pero es curioso cómo muchas veces, en los momentos álgidos, uno cree estar perdiendo.

Uno de esos momentos llega durante la infancia, cuando vives por primera vez ese consagrado e infernal momento cuando captas algo inconcebible: que el suelo que creías firme se va a desmoronar; las personas que son importantes para ti van a morir. Un descubrimiento que no se celebra, porque significa que uno es mayor, incluso antes de saber lo que eso implica. Y un niño, un crío apenas, consigue mantenerse entero ante el descubrimiento de que puede morir en cualquier momento.

Es un don que le hace la vida. No es que se lo desee a nadie, pero comprender tanto en un instante, darse cuenta de la complejidad, ambigüedad y crueldad de la vida, conseguir un conocimiento claro y empírico de todo ello, es un regalo espiritual. Quien pasa por esto, emerge de la experiencia convertido en alguien más fuerte que antes.

Lo que le sigue constituye una enorme brecha entre la desbocada ambición de uno y la parvedad de su experiencia. ¿Qué conocimiento de la vida necesita alguien para que le sirva de incentivo para escribir, para crear? ¿Un enfrentamiento a la muerte? ¿Qué otra cosa pudo impulsar a Cohen a escribir un mensaje en un papel, plegarlo y enterrarlo meticulosamente en el helado suelo de invierno? ¿El que no conociera lo suficientemente bien a su padre? ¿Que se sintiera defraudado por él? Quizá fuera simplemente que, como judío, creció en medio de las palabras. Y si se pregunta por qué ese pueblo cree que la palabra, aunque esencial para la tradición, no es suficiente en sí misma, tanto Cohen como yo tendremos que confesar que no lo sabemos.

Para el joven Leonard Cohen, la pura y estilizada poesía de García Lorca, con sus imágenes surrealistas a la vez que románticas y sensibles, fue toda una revelación. Su semilla española no cayó en terreno baldío; la obra de Lorca le enseñó que las imágenes demasiado bellas para ser tomadas literalmente pueden ser imágenes útiles e incluso apreciadas. Allí vio un camino abierto, uno que le llevaría años más tarde a convertirse él mismo en fuente de inspiración para otros. Su trabajo tuvo para mí el mismo efecto que el de Lorca tuvo para él: fue un empuje que me resultó indispensable para dejar atrás el mundo de donde vine.

Los años de juventud. A lo largo de sus vidas, muchos los utilizan como coartada o comodín. Pero, independientemente de que uno se incline por las religiones orientales o por las occidentales, tanto si uno habla de "despertar" como si habla de "renacer de nuevo", la metáfora no es tan importante como el hecho en sí. Todos deberían progresar hasta ese punto. Sólo a partir de él uno puede iniciar su propio periplo, desprovisto de equipaje y con la mente abierta. Entonces puede dejar que lo absurdo de la experiencia abarque toda su existencia; su vida. Hay mucho que uno acarreará dondequiera que vaya; sin embargo, lo que deje atrás será mucho más. Una y otra vez, definirá y volverá a definir su posición en el mapa de su camino individual.

Capítulo 4
Una rosa en tu té

Para ésa, la más íntima de las decisiones,
la que no podemos sino obedecer;
por lo que queda de nuestra religión,
levanto mi voz y rezo.

Leonard COHEN[1]

Cuando ves el efecto que la religión tiene sobre la gente, cómo hace que muchos estén descontentos de sí mismos y cómo se utiliza para distanciarnos de los demás, es difícil no sentir aversión por ella. Los charlatanes fanáticos utilizan más o menos abiertamente el resentimiento que el hombre lleva bajo la piel, y lo transforman en pérfidas retóricas que no tienen empacho en declarar infalibles. Su religión es siempre la única verdadera. Aunque su credibilidad esté para el arrastre, arropados por el palio de su desvanecida gloria continúan gobernándonos sin ambages.

Mirada fríamente, la religión apesta. La fe, el amor de Dios, o el que los creyentes sienten por Dios, ya es otro asunto. Lo que es reprensible es el modo exclusivo de

1. *The Land of Plenty*.

atribuirse una fe y decretar un modo de vida. Dijo Marguerite Yourcenar que el engaño no está en los dogmas, ritos o leyendas. Los tres son perfectamente admirables y se puede incluso pensar que son buenos para la psique humana. El engaño reside en las osadas alegaciones que propagan los representantes de la fe, como si ellos fueran los únicos con línea directa con Dios. Un verdadero creyente no exige exclusividad a nadie. Cada gran religión confirma a las demás, igual que cada gran cultura apoya a las otras y cada nación verdaderamente grande respeta al resto de las demás.

Lejos de lo que supondría convertirse en algo pasado de moda de aquí a la eternidad y tener que dimitir de su función puramente decorativa (aunque ricamente compensada), la religión podría, y posiblemente debería, ser esa perla preciosa por la que estaríamos dispuestos a dar cuanto poseemos en la Tierra. ¿No se supone que el eje de la fe tendría que ser la libertad? ¿No se espera que nos eleve el espíritu? ¿No la presentan como la sabiduría destilada de todas las experiencias de la vida? Y, sobre todo, lo que nos hace falta hoy, ¿no son valores y posibilidades que nos ayuden a cambiar el mundo, antes que el culto al utilitarismo y la ganancia? Como es peligroso hacerlo, casi nunca hablamos de la religión.

Las creencias surgen de lo más profundo del ser, del alma. Hay muchos que así lo entienden y actúan en consecuencia. Aunque los lugares de culto se estén quedando rápidamente vacíos, la fe, en sus múltiples formas, vive. Sirva de prueba el impresionante número de subreligiones que han aparecido en el inmenso mercado de las ideologías en oferta. Sus líderes capitalizan explícitamente el concepto de la exclusividad, y no lo hacen con la intención de converger todos en una experiencia profunda de la fe o con afán altruista; no. Lo hacen con el único afán de enriquecerse.

Nada nuevo bajo el sol. Los sofistas llevan siglos acompañándonos. Sus religiones-culto han existido desde la antigüedad; bien estructuradas o completamente ridículas; con la belleza de la palabra o basándose en cualesquiera otros sentimientos, ofrecen multitud de formas de interpretación de la espiritualidad y del sentido a los precios fluctuantes de la plaza. Hay uno que jura por la seriedad y profundidad de los mitos bíblicos en los que los sentimientos se convierten en arquetipos, en imágenes de la eternidad. Otro va a por el fundamentalismo religioso que sacrifica la libertad del individuo en aras de una abstracta felicidad comunitaria. Hay una luz en todo, ya lo he hemos dicho. De los Chlyst[2] a Baghwan,[3] de Dios a Yahvé, de la *vox populi* a la *vox dei*. Aunque La Voz De Dios, así con mayúsculas, pueda convertirse en Ley, "la verdad tiene que descender lentamente, para que no nos ciegue", como nos dijo la poeta Emily Dickinson.

---

2. N. del T. Secta secreta de la Iglesia Ortodoxa rusa. Practicaban danzas orgiásticas. Contra ellos se alzó otra secta denominada "skoptsy", "los castradores".
3. N. del T. Rajneesh Chandra Mohan Jain (1931-1990), también conocido como Bagwan, Sri Rajneesh y Osho. Controvertido gurú, que se hizo famoso por su actitud exageradamente permisiva ante las disciplinas espirituales clásicas. Terminó bastante mal (aunque básicamente su enseñanza se basara en el viejo "*carpe diem*"). Pocos meses después de ser detenido en EE. UU. y, según él, a consecuencia de ser envenenado con talio mientras estaba detenido, murió en Pune, en la India. Le sobrevivieron sus 93 Rolls Royces.

Leonard Cohen, con un estilo único, para explicar los distintos niveles de los hechos de esta vida, emplea parábolas místicas. Recurre a lo venerado y a lo secular, a lo que es humano y a lo que es divino. Incluso más, consigue mostrarnos qué es lo celeste, al promover lo que es de esta tierra.

Así es como Cohen resume su visión del papel de la fe en nuestras vidas: "Las religiones se encuentran entre los grandes principios organizativos de la humanidad. Tengo la impresión de que tienen una importancia excesiva y, a la vez, insuficiente."[4] El viejo zorro no se dejará atrapar en la trampa de los puntos de vista éticos y morales. Es muy consciente de que él, un ejemplo para muchos, es tan sólo un aprendiz. Cohen continúa buscando. Su nexo con "Aquél que no tiene nombre y el Nombre"[5] viene de su infancia.

Aunque los Cohen sean la casta sacerdotal, la traducción latina de "cohen" es *pontifex*, "puente", y Leonard Cohen verdaderamente construye puentes entre las religiones. No es casualidad que en la portada de su libro de salmos y poemas *Book of Mercy*, la estrella de David esté formada por dos corazones en vez de triángulos. El corazón percibe lo que el ojo no ve, nos dicen los rabinos; abrir la fe de uno es mucho mejor que seguirla escrupulosamente.

---

4. Trascripción de un chat por Internet, en 2001.
5. N. del T. *Love Itself*.

Quien esto escribe, procede de un ámbito lingüístico donde una proteica figura como Reve[6] hizo evidente que la religión no tiene por qué venir asociada con ideas mezquinas como el infierno o la condena eterna. El tema puede también abordarse con miras atractivas, penetrantes y vivaces, tanto si uno busca hablar solemnemente sobre ese uno e indivisible credo, como si uno cree que todas las Biblias, Torahs y Coranes son, sin excepción, historias apócrifas. Spinoza fue considerado un hereje cuando demostró la imposibilidad filológica de que la Torah hubiese sido escrita por Dios, quitándole así toda su legitimidad. Newton, Locke, Voltaire, Diderot y Rousseau proclamaron a la razón como guía, renunciaron a la magia y a la superstición y alumbraron la época de la Ilustración, dando paso a la libertad de pensamiento. Cabe preguntarse cuál pudo ser la razón por la que la Ilustración fue introducida en Holanda de la mano de la Iglesia Reformista, en tanto que en aquellas partes del mundo dominadas por el catolicismo, el judaísmo o el Islam no sucedió lo mismo. ¿Podría ser que el sentido de la razón tuviera fronteras? La razón es un método deductivo, un instrumento para navegar por la vida; no puede ser nunca una meta en sí misma. Y, si es así, a los humanos no nos queda más que un vulnerable venero de individualismo que nos separa de la cínica y

6. N. del T. Gerard Kornelis van het Reve (1923-2006). Escritor en lengua neerlandesa. Fue una de las primeras personas que declaró públicamente su homosexualidad en Holanda. A veces sus descripciones de sexo entre dos hombres son muy explícitas, casi escabrosas. Otro de sus temas favoritos era la religión. Creía que el mensaje de su obra era que podíamos escapar del mundo material en el que vivimos.

gélida sociedad laica. El verdadero liberal señalará que nos sobrepondremos incluso a esto. Desgraciadamente, vivir autónomamente, interpretando nuestra existencia de un modo gozoso e imaginativo, es algo en lo que fracasan millones de personas. Todos nos refugiamos en recargadas agendas y obsesivos placeres, a la vez que anhelamos desesperadamente una mayor profundidad espiritual. El tamaño del montón de libros que intentan compensar la desaparición de las autoridades religiosas y cívicas es realmente aterrador.

La mayoría de alternativas que se ofrecen a la mayoría de ciudadanos, sean conservadoras, personalistas o librepensadoras, no resultan creíbles ni aplicables.

En cambio, la obra de Cohen contiene esa autenticidad y lo hace sin renunciar a la moral ni a la creencia. Es un concepto, ése del vivir como arte, de descubrir la tarea de nuestras vidas, que ya tuvo su importancia en el desarrollo de la filosofía de Friedrich Nietzsche. Como humano, tienes una tarea asignada, y no es la de ganar tanto dinero como te sea posible ni de establecer ningún récord. Tu "tarea humana" es la de vivir una existencia equilibrada. Vivir con una buena actitud, con una personalidad que sea lo suficientemente firme para mirar cara a cara a tus propias debilidades. Utilizar el sufrimiento como un criterio moral con el que observar al mundo.

¿Qué es la vida en este momento? ¿Hasta qué punto hemos evolucionado en su entendimiento? ¿Cómo nos relacionamos con la incomprensión? ¿Y cómo manejamos la vida en la adversidad, cuando la despojamos de su encanto y se nos presenta desmitificada, carente de sentido y dirección?

Mucha gente, sin un marco robusto y ordenado, no puede aceptar la idea de que no haya una deidad que gestione este mundo nuestro, que no haya una creación coherente y que la humanidad se encuentre a merced del profundo caos del que forma parte. Es cosa sabida. Por tanto, uno hará bien en meditar a conciencia la cuestión, asumiendo la posibilidad de que un "algo" superior nos reserve una elevada misión moral y lo mantenga todo bajo control.

Poniéndolo en palabras de Pavese, "el oficio de vivir es el arte de creer mentiras". Por esto cabe preguntarse si lo que uno cree o se presenta a sí mismo es, por definición, inexistente. Cuando el diablo deja la luz encendida, los ángeles espían por las rendijas: una romántica imagen. ¿Te la crees o simplemente la utilizas?

Estaba mirando al crucifijo. Tenía algo en el ojo,
una luz que no necesita vivir y que no necesita morir.
Lo que viene en el Libro del Amor está curiosamente incompleto,
hasta que lo miras aquí en el tiempo y la sangre,
a la profundidad de mil besos.

Leonard Cohen[7]

7. A *Thousand Kisses* Deep. (Versos no incluidos en la grabación.)

El nieto de Baal Shem Tov, el padre fundador del hasidismo, en una de sus innumerables sagas nos cuenta que su abuelo llevaba mucho tiempo sin ver a uno de sus mejores alumnos. El rabino fue a verle y le dijo:

—Sé lo que no funciona —y el joven reaccionó, excusándose tímidamente.

—He estado estudiando y meditando mucho durante estas últimas semanas, y, Maestro, todas mis certezas se han esfumado de pronto. Ya no sé nada, y dudo de todo. No podía ir a veros, ni a vos ni a nadie. Es algo que me hace muy desdichado.

A lo que el rabino replica:

—Te he dicho que sé qué es lo que no funciona. Sin darte cuenta, has cruzado la quincuagésima puerta. Las primeras cuarenta y nueve ya las abriste. Cada vez que resolviste un dilema, te encontraste ante una nueva puerta y con la vida que te hacía una nueva pregunta. Cuarenta y nueve veces. Y entonces cruzaste la número cincuenta. Al otro lado, encontraste la Pregunta, ésa que nadie es capaz de responder, porque una vez que lo has hecho, ya no hay más elección; has dejado de ser libre. Si osas enfrentarte a esa pregunta, estás perdido.

—Entonces, ¿debo retroceder hasta el principio y tomar otro camino? —le preguntó el alumno.

—No, porque sin darte cuenta ya has cruzado el umbral de la quincuagésima puerta.

Esa Pregunta, naturalmente, es si hay un Dios y, si lo hay, qué aspecto tiene. Una variante de la historia, presente en las civilizaciones occidentales, nos cuenta que los judíos vagaron cuarenta y nueve días por el desierto, en su camino hacia la Tierra Prometida. En el quincuagésimo día, se les apareció Yahvé para transmitirles un mensaje de perdón y acogimiento. Dicen los hasídicos que si uno llega a ver a Dios, pierde su libertad, su capacidad de escoger. Y que, por lo tanto, pierde su humanidad.

Como primogénito, hijo de primogénito, Leonard Norman Cohen, Eliécer ("Dios es mi sostén") de nombre hebreo, estaba destinado a consagrarse al estudio de la Torá. Los Kohanim/Cohen representaban un importante papel como modelos sociales, por lo que convertirse en rabino era algo que flotaba en el ambiente. Sobre todo si se tiene en cuenta que un sacerdote judío no es un funcionario de un templo abierto a todas las horas; es decir, si se considera que ordenarse rabino no iba a impedir que desempeñase un puesto en el negocio familiar. Los rabinos que hace siglos redactaron el Talmud tuvieron cuidado de no instaurar una casta profesional. No obstante, conservaron la memoria del Templo destruido decretando que cada hogar era un templo; algo que explica el origen de las estrictas leyes del judaísmo ortodoxo, con su insistencia sobre lo que es *kosher*.

Pongámoslo así: Cohen tenía todos los números para convertirse en portavoz de Yahvé. Muy en su carácter, estudió todo lo que debía estudiar, y un poco más. A lo largo de todo, mantuvo su ojo crítico; con todo lo que esa libertad de espíritu supuso como dificultades, sacrificios y desgarros. Para él, el Talmud no era únicamente una lista de 365 prohibiciones (una para cada día) y 248 mandamientos (uno por cada articulación del cuerpo humano), ni los 613 preceptos contenidos en la Torá, artículos de fe. El que en vez de perder el tiempo en escuchar, lee, encontrará apoyo más que suficiente para demostrarles a los hueros zelotes que nada de lo que pretenden está escrito en ninguna parte. Ni la fe, ni su interpretación, deberían ser asfixiantes para quien se aproxima a ellas. Armado de esta perspectiva, Cohen pudo buscar su propio camino espiritual. "Feliz aquel que conoce su lugar y arranca desde ahí", dice el Talmud. Los tres pilares maestros del judaísmo: la Torá (primera parte del Viejo Testamento), la *avodah* (plegaria) y la *Gemilus Hasidim* (caridad) formarán parte de su vida, obra y convicciones, desde entonces.

Que todos puedan vivir
y que todos puedan morir.
Hola, mi amor,
y, mi amor, ¡adiós!

Leonard Cohen[8]

Si en la cábala, las enseñanzas místicas judías, el corazón es el emblema de la belleza, y en el Talmud se nos dice que "Dios quiere el corazón; la plegaria lo sustenta", en el budismo tibetano el corazón es sinónimo de sabiduría. Ambas religiones conciben al cuerpo y la mente como elementos polares e iguales de la existencia.

El paso que Cohen tomó hacia el budismo zen sería un trámite lógico: la técnica del *koan* es algo también muy

8. *Here It Is.*

ligado al hasidismo. El rabino explicó a su discípulo una historia abstrusa que no contenía respuestas, sino que incitaba a pensar y observar más allá de los límites de lo obvio y racional. En *Beautiful Losers*, Cohen ya nos mostró la singularidad del *koan*: la santidad a través de la satisfacción sexual; conocer a tu pareja espiritualmente a través del conocimiento carnal. Un concepto común al budismo zen y a la teología hebraica que refuta el viejo axioma del catolicismo y algunas otras religiones, en el sentido de que la sexualidad no puede ser santa. Y un concepto que en la algarabía de "los sesenta" fue sólidamente abrazado, aunque fuese por otras razones. La súplica de que desconfiáramos de gurús, métodos y quimeras que encierra ese *roman à clef*, en un tiempo de relaciones sin contenido ni profundidad y jóvenes que se consideraban moralmente superiores, cayó en saco roto; *Beatiful Losers* fue leída como la enésima instigación al sexo libre.

Fueron muchos los que iniciaron su búsqueda durante esa mal llamada "década prodigiosa", sin saber que no había soluciones ya hechas esperando. Fue un fenómeno que el uso de drogas no hizo sino amplificar. La vida se volvió ardua. En el fondo del pozo de su angustia, Leonard podría haber pasado por otra víctima más. Cuando conoció al *roshi* Joshu Sasaki, en el monasterio zen de Mount Baldy, en las montañas de San Gabriel, cerca de Los Ángeles, se encontraba mentalmente débil y vulnerable.

Así lo puso él: "Cuando el sufrimiento dentro de un individuo alcance un nivel que no pueda soportar, va a buscar algún tipo de solución. No creo que ninguna búsqueda religiosa se inicie dentro de una atmósfera de lujo. A no ser que la persona esté rota y sufriente, física o psíquicamente, no va a enfrentarse a un examen espiritual. Hace falta que el mundo te esté derrotando de algún modo. Una vez llegas ahí, una vez tu corazón se ha roto y uno está dispuesto a reconocerlo, entonces se abre un abanico de distintos senderos. Muchos y muy distintos. Es por esto que no debemos favorecer a uno sobre los demás, porque el corazón roto ilumina un sendero, y cada corazón roto ilumina a uno distinto. Me doy cuenta de que al decir las palabras 'corazón roto', muchos se echan atrás. Pero no deja de ser cierto que uno empieza a ser sabio cuando se da cuenta de que es sumamente infeliz aquí. Esa incomodad alumbra su propia solución, aunque puedan pasar años antes de que uno la acepte. De modo que prueba todas las que se presentan, y, de este modo, llega a aquellas cuyo articulado le es más familiar: la propia religión. Al llegar aquí, la mayoría de religiones son bastante buenas. O prueba otras soluciones: compromisos políticos, programas ascéticos o modos de vida hedonísticos. Nadie debería tener el derecho de opinar sobre el modo con que los demás intentan cesar de sufrir. Fui a un retiro de ese maestro zen y luego me quedé ahí casi un mes. Fue una experiencia agotadora. El maestro era japonés y el abad era alemán. Cuando me encontré andando con sandalias sobre la nieve a mitad de la noche, como parte de la meditación andando, pensé que eso era la revancha por la Segunda Guerra Mundial: se habían hecho con todos esos jóvenes idealistas estadounidenses y los estaban torturando. Me marché, pero hubo un par de cosas que persistieron en mi interior y, eventualmente, regresé. Hay un intenso sentimiento interno de duda que te empuja hacia un *dojo* de meditación y muchas veces ahí descubres un ego que te resulta insoportable; esto es lo que hace que abandones."[9]

Y justo eso fue lo que Leonard Cohen hizo en un principio, sólo para descubrir que no era capaz de engañarse a sí mismo. Para un examen interno profundo hace falta una intensa disciplina, rayana en un castigo autoimpuesto. Regresó a la montaña, no como un iniciado, sino como un buscador. Lo ha explicado varias veces: "Conocí a ese anciano y me gustó *lo que no decía*."[10] En su segunda estancia Cohen confirmó la libertad mental, la importancia de la práctica budista y de la vida espiritual del monasterio. Desde esa ocasión, en el año 1970, ha pasado regularmente temporadas en Mount Baldy, en un proceso continuo de reorientación y de fijación de su autodisciplina. Para él, la interpretación oriental del pensamiento como el sexto sentido humano, concentrado en la conciencia individual, ha adquirido cada vez más importancia. El judaísmo, su fe original, es más un modo de vida que un sistema de creencias. En el zen, descubrió un estilo de vida articulado sobre la negación de cualquier sistema y de cualquier credo obligatorio. Quedó profundamente fascinado por esta libertad.

Con *Recent Songs* (*Canciones recientes*) el artista cerró su primer período zen. Cohen se encontró solo: su madre

9. Scott Cohen. *Yakety Yak*.
10. Pilles Tordjman. *Les Inrockuptibles*.

había muerto y su esposa e hijos habían prácticamente desaparecido de su vida. Sus lazos con el *roshi* y su interés por el zen se intensificaron. El disco y su gira promocional representaron un final y un nuevo principio; empezó a pensar y trabajar de otra manera, una manera que culminaría con *Book of Mercy* (*Libro de la misericordia*) y el disco *Various Positions*. Cuando aparecieron libro y álbum, le preguntaron sobre sus ansias espirituales. El trovador respondió que no era su intención llevar una vida de monje o dedicarse exclusivamente a la plegaria: "No va conmigo. Yo estoy en la calle, buscándome la vida como uno de tantos. Me resulta difícil determinar cuál es la elevada misión que se esconde detrás de cada vida. Eso es algo que va desde pensar que nada de lo que hacemos es terriblemente importante, hasta sentir que cada uno de nosotros tiene un aliento divino en su interior y que estamos aquí para desempeñar una misión especial."[11]

Aunque, al principio, esa nueva manera de percibir las cosas sólo afectó al contenido de su obra, sus consecuencias cualitativas le llevarían tan alto que, por primera vez en su vida, Cohen se convirtió en una *superstar.* En muchos países, sus discos se empezaron a vender más que los de los ídolos pop del momento y figurones de la lista de "los 40 Principales". Algo que para él es bastante desconcertante; a nadie le amarga un dulce, pero al irónico veterano no le afecta ningún jabón. Sabe que una vez se calmen las cosas, reinará de nuevo el gran silencio. Una vez liberado de los problemas económicos

---

11. Robert Sward. *Leonard Cohen.*

cotidianos, el trovador de pelo plateado ya no anhela más fama ni dinero.

En realidad, decidió entrar en el monasterio y aprovechar para pasar sus días con el anciano *roshi*, aceptando lo que cada nuevo día trae. Leonard Cohen y *roshi* Sasaki, vigésimo primer patriarca dentro de ese linaje budista zen y primero de la cola si están repartiendo bebida, pusieron una nota final de profunda sintonía entre un hijo que nunca tuvo la oportunidad de odiar a su padre y un abuelo que nunca pasó por las dificultades de tener hijos a quienes amar. Así lo puso él: "Como yo digo, no estoy seguro de saber qué es el ideario del zen, porque sólo he conocido a ese anciano y no puedo decir hasta qué punto representa a esa tradición. Lo único que sé es que me ha proporcionado un espacio donde me ha sido posible escenificar el tipo de danza con Dios que no podía contemplar en otros sitios. Algo que es apasionado y sin componendas."[12]

El sentido de la disciplina de Cohen es algo que se adapta como un guante al *rinzai*, considerada una de las formas más rigurosas del zen; pero no es algo que no le pese. Aunque el zen, considerado en sus perspectivas más amplias, puede muy bien ser una base espiritual para la humanidad en estos tiempos globalizados, y un refugio para muchos, Leonard no hace nada para propagar la fe. Desde su punto de vista, el zen es peligroso. Lo es, sin duda, para quienes esperan encontrar ahí la salvación.

---

12. Javier Laborda. *La Vanguardia*.

Dice: "La idea romántica es que un monasterio es un lugar tranquilo donde reina el silencio perfecto para llevar una vida solitaria, pero en realidad es todo lo contrario. No hay ningún espacio privado, siempre estás con gente. La práctica del zen exige un modo de hacer las cosas muy milimetrado; algo que a mí, como me va algo el rollo un tanto militarista-fascistoide, me parece muy apropiado para el tipo de vida que quiero llevar. Sé que si no me comprometo con ese tipo de programa, me hundiré en un mar de autoindulgencia. De modo que el lugar donde vivo es una especie de hospital; es la tierra de los corazones rotos, en la que la gente ignora las habilidades más básicas. No saben cómo respirar, andar, sentarse, defecar; no saben hacer nada. Y yo soy uno de ellos. Por esto, abrazó agradecidamente esa rutina, porque de tan inhumana hace aflorar mi humanidad. Me permite localizar una pequeña reserva de respeto propio."[13]

La vida de cada día en Mount Baldy es ciertamente una experiencia descarnada. A las dos y media de la madrugada, Cohen se levanta. La campana para despertarles a todos sonará a las tres, pero el en-el-mundo-artista necesita ese tiempo y el café que se va a preparar para recuperarse a sí mismo, y quizá anotar alguna cosa. Tras tomar un té, la congregación se reúne en el *dojo*, el lugar donde van a pasar varias horas del día en meditación, y en el que la comunidad cantará las veintitantas líneas de la Sutra del Corazón. Un texto que además de ser la versión que ha llegado hasta nosotros de uno de los

13. Arthur Kurzweil y Pamela Roth. *The Jewish Book News Interview*.

discursos del Buda más importantes, se considera que cantarlo en la forma en que la conocemos tiene un efecto positivo sobre la región del bajo vientre y el sentimiento de bienestar.

Como parte de la práctica, el maestro plantea a cada participante un *koan*, un acertijo, al que éste, cuando crea que ha encontrado la solución, dará una respuesta en menos de cinco minutos. La técnica pretende moldear el espíritu para que provea una respuesta que se aguante por sí sola; es decir, el proceso es en realidad más importante que el contenido de la pregunta y la respuesta en sí. Después hay que desayunar y ocuparse de limpiar el servicio del comedor. Tras veinte minutos de descanso destinados al aseo personal y de los dormitorios, vienen unas cuantas horas de trabajos comunitarios: cocina, jardinería, carpintería, fontanería o pintura. Puesto que el monasterio está situado a una altura de 2.000 metros, durante el invierno hay mucha nieve que traspalear. Los miembros de la comunidad comparten todas las tareas necesarias para mantener el lugar en marcha. A las doce del mediodía, todos se ponen de nuevo el hábito para almorzar; descansan media hora, y continúan trabajando hasta la hora de cenar. Después de cenar, se sientan de nuevo a meditar durante un par de horas. Cada cuatro semanas se celebra un *seshin*, un retiro intensivo de meditación (donde salvo las actividades indispensables el día transcurre sentado en *zazen*). Tras tres o cuatro meses así, se considera que ha terminado el período de iniciación. La campana para levantarse se retrasa una hora y el ritmo de vida se hace menos pautado. Hasta que empiece el siguiente período.

Cada semana viene marcada por un *dokusan*, una entrevista personal con el *roshi* en el espacio privado de éste. Aunque el objeto de la entrevista sea hablar de la práctica y de sus problemas, no escapa a la disciplina general y el maestro puede recurrir a echar con cajas destempladas al postulante, si lo cree necesario.

Pueden ser fuente de confusión, depresiones e instilar un estado de desánimo que, curiosamente, puede preceder al encuentro con nuevas direcciones o a la pérdida total de fondo.

Así lo pone Cohen: "Aquí hay un desprecio hacia la virtud religiosa y eso lo encuentro muy atractivo. Nunca tienes la sensación de estar en una catequesis. Nunca tienes la sensación de haber renunciado a una vida rumbosa, o de haberte metido en una asociación de voluntariado. Para nada, para nada."[14]

No hace falta subrayar cómo insiste en reventar el globo estrictamente religioso. La pulsión por la rutina que Cohen nos mencionaba antes, se hace evidente cuando se le escucha hablar sobre cómo es la vida en el monasterio. Para él, la esencia está en el contenido.

Eso es algo frente a lo cual el permiso oficial de las autoridades del condado de San Bernardino que le permite trabajar como cocinero[15] o camarero es algo anecdótico. Cohen encuentra que la meditación regular alternada con el *samu* (el trabajo ritual a conciencia), puntuado

14. Diethard Künster. *Leonard Cohen*.

15. N. del T. Leonard Cohen ha sido durante años *tenzo*, cocinero "ritual" de la comunidad de Mount Baldy.

todo ello por un descanso apenas suficiente, constituye una buena enseñanza.

Las personas cansadas pierden las ganas de darles vueltas a sus dilemas personales. Independientemente de cómo se sienta uno, gasta tanta energía que, para funcionar dentro del sistema, debe encontrar un equilibrio interno que le permita hacerlo. Y durante el *zazen*, esas horas de meditar sentado "porque sí; sin objetivo", uno, de pronto, encuentra tiempo. Océanos de tiempo. Cuando le preguntan qué es la esencia del zen, el patriarca siempre responde: "Un vasto baldío; nada especial." No hay doctrina, no hay ninguna convicción apasionada. No hay un catecismo, con sus interpretaciones oficiales. Lo único que te ofrece es un espacio sin límites donde poder pensar tus construcciones mentales. Del seguimiento de las normas no nace el culto; nace de tu interior. El budismo no se inmiscuye con ejercicios intelectuales o cuestiones morales. Los únicos mandamientos básicos son no matar, no robar y no mentir. E incluso eso se formula como directivas generales.

De hecho, el quid de la cuestión está en el examen introspectivo del alma. Aquel, o aquello, que es uno, se manifestará. El punto subyacente de partida deberá ser darnos cuenta de que obedecemos las normas porque si negamos con vehemencia su singularidad, nuestra percepción del mundo se ve alterada. Y es más importante desprenderse de esto que intentar atrapar una especie de pureza moral ya cocinada, y codificarla en normas y tabúes. El budismo ciertamente puede abrazar a una moralidad, pero está lejos de ser una enseñanza moralista.

A Leonard Cohen, el *zazen* le permite enfrentarse a solas con su lado cerebral. Como dice, "a partir de un cierto número de horas al día, empiezas a examinar el pánico de tu mente. Si puedes mantenerte absolutamente quieto el tiempo que sea, y raramente somos capaces de estar más de dos minutos sin hacerlo, se te empiezan a revelar cosas. Naturalmente que estiras las piernas después de comer y que vas al servicio. Pero, básicamente, no hay más que inmovilidad durante un montón de horas al día. Y todo sale a flote. Si pasas el suficiente tiempo sentado, todas las versiones de ti mismo salen a la superficie. De lo que finalmente se trata es de dejar de hacerse preguntas como '¿Qué es la vida?' o '¿Por qué estamos aquí?'. Es decir, del estudio de uno mismo; o, si se quiere, del estudio de la relación de uno con esa entidad que llamamos "yo". Una de las cosas de esta disciplina que me atrajo, es que no exige una respuesta. Y libre de respuesta y pregunta, alcanzas paz. Y la paz es el abrazo de lo absoluto... Naturalmente, ése no es un estado en el que te puedas quedar mucho rato, porque tienes que comer y defecar."[16]

Cohen se hace eco aquí de lo que dice su *roshi*, quien continuamente está advirtiendo del peligro que representa la autosatisfacción y la comodidad con la vida monacal, porque cree que el objetivo del monasterio debe ser preparar a quienes están allí para la vida en el mundo. Así es cómo lo pone el propio *roshi*: "El mundo de Dios es muy bueno, pero no puedes estar ahí mucho rato; ¡no hay lavabos!"[17]

---

16. Pico Iver. *Buzz*.
17. Anjelica Huston. Entrevista en *Interview Magazine*.

Cuando Cohen decidió irse a Mount Baldy, muchos creyeron que era un truco publicitario. Pero cuando se quedó ahí, pasaron a considerarlo una huida; algo que Cohen niega acaloradamente: "Esto es todo lo contrario de pasar de todo. Son muchísimos quienes están ansiosos por llegar a sus casas o a sus pisos, cerrar la puerta y mirar la televisión. *Esto*, para mí, es pasar de todo. Hay un dicho: 'Como canicas en una bolsa, los monjes se pulen unos a otros'. Aquí te ves continuamente involucrado con la gente, de un modo en que no lo haces fuera. Te despiertas con él y te acuestas con él. Es una comunidad, y cualquier tendencia a 'pasar de todo' se hace inmediatamente visible."[18]

Lo que no significa que Cohen hiciese una hoguera con sus inclinaciones mundanas. De vez en cuando bajaba de su montaña y pasaba el día estirado en la cama mirando la tele sin parar. Jikan, "el silencioso por dentro", el nombre que recibió al ser ordenado monje, quedaba aparcado un rato. Y, con celo incansable, continuaba escribiendo, tanto cuando estaba en el monasterio como cuando no estaba. Nunca se ha planteado renunciar a escribir para dedicarse por entero a la meditación. Poniéndolo en sus palabras, "eso sería el modo de enfocarlo de un monje, pero yo no soy un monje. No tengo ningún problema en llamar a algún amigo o amiga de Los Ángeles para cenar con él o ella, si eso es lo que me apetece. La verdad es que me gusta el tipo de vida de aquí y disfruto con la compañía del viejo. Es mi compañero de *poteo*, ¿lo sabías? Hace veinte años que bebemos juntos, el *roshi* y yo."[19]

18. Tim Rostron. *The Daily Telegraph.*
19. Nick Paton Walsh. *Guardian Unlimited Observer* .

El primer resultado palpable de sus años como monje/escritor pudo observarse en las intensas y deliberadas observaciones de *Ten New Songs*. Las diez nuevas canciones te emocionan y llenan de consuelo, como si fueran un viejo y perdido amigo que reaparece contra toda esperanza. Con una voz gruñona que parece emanar directamente de un útero, nos dice de qué se quiere soltar: "No me fío de mis sentimientos íntimos; los sentimientos íntimos van y vienen."[20] Tras años de batallar con el monstruo interno, por fin ha conseguido no hacerse caso de sí mismo.

Cuando, sin ninguna razón aparente, el manto de la depresión se retiró, la vida de Cohen no se hizo más fácil, sino más simple. Así lo dice él: "Desapareció el decorado de autoanálisis con el que había vivido. Me sucedió en una serie de grados imperceptibles y casi no me lo pude creer. De hecho, durante un tiempo no me atreví a hacerlo. Pensé que algo debía de fallar por algún lado. Pero luego fue como beber un vaso de agua fría cuando tienes sed; cada papila de tu lengua, cada molécula de tu cuerpo dice '¡Gracias!'"[21]

La costumbre acaba reconciliándonos con todo. El estadista inglés y filósofo político Edmund Burke lo sabía; ahora Cohen lo vivió en sus carnes. Como era muy consciente de que carecía de talento para vivir una vida espiritual pero limitada, al final ha escogido reintegrarse

20. N. del T. *That Don't Make It Junk*.
21. Robert Hilburn. *Los Angeles Times Sunday*.

a la muchedumbre y continuar con su obra. Su profunda relación con su *roshi* y la comunidad monástica es inalterable, pero su enfoque principal continuará siendo el que ha constituido la base de su existencia: ser un auténtico trovador.

Capítulo 5
Las cenizas de la experiencia

Se puede postular que toda religión es creación del hombre y que, por lo tanto, no nos dice nada acerca de la verdad. Yendo más allá, hay que admitir que no existe una verdad; por lo menos, una verdad que podamos asir.

En consecuencia, la vida debe versar sobre la sinceridad. La espontaneidad en lo que nuestro corazón nos marca y en aquello que decidimos ser. Cualquier cosa menos es una apuesta débil, que debe ser consignada en el debe de nuestra espiritualidad; esa proveedora de palabras y actos encargada y responsable del lugar que ocupamos en el mundo.

Esa visión alcanza su mayor pureza durante la adolescencia, cuando se acaban las grandes falacias. En el umbral de la edad adulta, un elocuente albedrío lo ahoga todo. El diletantismo y la profesionalidad libran una batalla de retaguardia. El vencedor será quien convierta los deseos en realidad o más se aproxime a ello. Sobre esos años, Leonard Cohen indica que su impresión principal fue de una continua añoranza. Un comentario que abunda sobre la observación hecha en *The Favourite Game* (*El juego favorito*): que el aislamiento es la madre de la poesía. Cada persona busca compensar sus carencias. Ese anhelo, combinado con una educación intensamente lingüística, pronto se hizo evidente. Sobre él influyen unos cimientos destinados a aguantar una autodeterminación que recoja las fuerzas y posibilidades de cada uno.

Cuando yo apenas tenía diecisiete años, me convertí en editor de una revista comercial. A esa edad, Cohen compuso sus primeros poemas. Naturalmente que todos olvidamos cómo y qué éramos en ese punto. Nos olvidamos de que a los quince años se tiene algo parecido a la sabiduría, y que su valor es idéntico al de la sabiduría de cualquier otra edad. Mientras seamos capaces de ser fieles a nuestros puntos de partida, eso no tiene por qué ser un problema que no se cure con la edad. Desgraciadamente, tan pronto como ese gran anhelo empieza a abollarse al entrar en contacto con la realidad, muchos se enzarzan en pueriles planos de vuelo.

Tanto para Cohen como para mí, aunque fuéramos jóvenes y vulnerables, el camino que se nos presentó exigió una lealtad incondicional a nuestros compromisos; sin "pero" ni "quizás".

Dejando aparte su aparente no conformismo al no profesar en la fe ni dedicarse al negocio familiar, Cohen se planteó desempeñar un papel crucial. En la literatura hebrea, al escritor que acepta defender a su pueblo (o al revés, que lo ataca) se le adscribe una dimensión mesiánica. Mientras afinaba sus herramientas poéticas, Cohen aprendió a tocar el piano y, con la aparición del *ryhthm & blues*, la guitarra: ese instrumento de la nueva música. La poesía y la música popular le llevaron de la mano. Una situación que se vio reforzada por la difusión universal de los discos LP, en la década de 1950.

Yo, como "mi compañero de fechorías" Cohen, he coleccionado discos desde que era un niño. Obras eclécticas pero honradas, esos discos y algunos encuentros importantes durante mi adolescencia han tenido una gran influencia sobre mí. Fueron lo que me permitió escapar a la alienación de la antipática vida de mi villorrio. Lo que me animó a observar la diversidad del mundo; sus contrastes, posibilidades e imposibilidades: algo maravilloso. Sin proponérmelo, alimentar mi creatividad se hizo más importante que encontrar un empleo o buscar una seguridad económica de otras maneras. Sacrifiqué sin pensármelo la comodidad, en aras de los sueños, decidido a convertirlos en realidades. Aunque tuviese que ser uno a uno. Brel lo sabía: "Cuando uno intenta algo, siempre es feliz."[1] Aunque al principio siempre me escudé detrás de los trabajos de otros con quienes colaboré, tras unos cuantos años logré adquirir una ligera confianza en mí mismo; ése fue el pistoletazo de salida del "libro nº 1".

El primer libro de Cohen,[2] aunque aún marcadamente conservador en su terminología, muestra una serie de poemas que ya apuntan claramente las dos tendencias del artista. El lector se encuentra con poemas positivos o negativos claramente trazados, que deben su robusta consistencia a una mezcla de religión y sensualidad, muy rara en la época (1956) en que el libro apareció. Para

1. Paul Zollo. *Songtalk*.
2. N. del T. *Let Us Compare Mythologies* (*Comparemos mitologías*).

mi propia primera comparecencia, escogí hacer una biografía de un peso pesado de la música moderna. El esfuerzo y sacrificio que invertí en hacerlo, es algo que hoy me deja atónito. Creo que todo debutante sin darse cuenta ataca una creación que rebasa lo que sería lógico esperar de sus fuerzas

Artes odit nemo nisi ignarus
(Sólo a un ignorante no le interesa el arte)
Anónimo

El talento artístico entra siempre en conflicto con la personalidad de quien lo siente. Es algo inevitable. Aunque la vida sea la única posesión valiosa del individuo, el modo en que se vive esa vida determina tu posición individual en el mundo y el modo en que la percibes. Si escoges a la palabra como herramienta, tu posición de salida no es muy envidiable. Te enfrentas a un verdadero océano de obras, a una avalancha de personajes. El mundo sería mucho más interesante si la humanidad hubiese podido perfeccionar el exigente arte de tachar lo irrelevante. Cierto es que el mundo existe gracias a las historias, y que cada historia contada es una interpretación de otra. Por este motivo, las historias reaparecen aunque estemos constantemente creando otras y les damos tantas capas de matices como podemos, para captar todas las interpretaciones posibles. Amamos la escritura y el arte de contar historias, porque nos permiten conformarlas a nuestro gusto. Aunque corramos el peligro de no poder escapar de ellas.

Dice Cohen que "una confabulación no constituye una visión"[3]. Quizá ésta sea la diferencia entre los que escriben "yendo a lo suyo" y quienes escriben con todo su ser.

"Vine desde tan lejos en busca de la belleza; dejé tanto atrás…"[4], dice. Parece encajar perfectamente con ese aspecto del mundo del arte que tanto se promociona: el artista visto como ser asocial, opuesto a la cultura dominante, siempre abogando por el cambio y la renovación. Una visión un tanto artificial, por más que las personas creativas sean efectivamente verdaderos individualistas; algo que es bueno. Ya Oscar Wilde defendió en su día que el individualismo es un instrumento perturbador y desestabilizador inmensamente valioso. Quien se plantee seriamente crear algo, no tiene otro remedio que expresar en su trabajo lo más individualista de su experiencia vital. Y esto, naturalmente, crea una duda interior y le produce una inmensa e inalienable soledad. Aunque al mismo tiempo le haga darse cuenta de que disfruta de un punto de vista que merece ser contado; la vida no le ha reservado un papel de película muda. En la evolución de muchos escritores, al descubrimiento de su naturaleza le ha seguido una búsqueda de la relación entre su propia singularidad y el mundo; una búsqueda que más adelante en su vida ha dado como fruto una cierta lacónica compasión. Esto es algo que contrasta marcadamente con lo anterior.

---

3. Amélie Brusq. *Leonard Cohen – Spring 1996.*
4. Anthony DeCurtis. *Rolling Stone.*

Alguien como Cohen no sigue el trillado sendero que marca esa romántica imagen. Él es un mensajero sin adornos ni oropeles convencionales; es casi lapidario. Lo que cuenta para él es permanecer en contacto con lo esencial y avanzar por el camino hacia ello con profunda empatía. Al hacerlo, se niega en redondo a apoyarse en un punto de vista específico o en el estilo unificado de escribir que normalmente suele dar cohesión a la obra de cualquier autor. Una persona puede cantar porque se sienta feliz; pero también, porque se sienta muy desdichada: para olvidar algo, o para recordarlo. Las mismas razones que acucian a quienes escriben desde su percepción sensorial: las historias tienen que nacer, cada una con su propia individualidad, y abrirse un camino en el mundo, para dar testimonio.

Hay muchos escritores que argumentan que escribir no conduce a vivir. Se equivocan. Un escritor quizá esté al margen de la vida cotidiana, pero no está al margen de la vida en general, a la que destila dentro de su recluso interior. Ahí, en vez del árido barbecho que desanimaría a muchos, encuentra "la" fuente de la vida: un lugar de lujuriante sobriedad, para ponerlo en una metáfora de Cohen. El poeta canadiense Irving Layton ve en cada escritor serio una persona llena a rebosar de conflictos que sabe cómo apaciguar su lucha interior a través de su obra: "Ese lugar es el refugio. No basta para poner orden en el mundo; en realidad, no cambia nada. Es sólo un abrigo, el lugar de reconciliación, el *consolamentum*, el beso de paz."

Layton lo describe como un lugar muy apacible, pero sólo es así cuando se llega al final del proceso, cuando eres capaz de mirar hacia atrás con doloroso afecto. Antes de llegar ahí, uno se ve obligado a luchar contra sí mismo con pura y masoquista melancolía. ¡Hay que pagar las facturas! En primer lugar, las que te pasan las intenciones que uno pueda tener al escribir. ¿Le bastará al lector con esta insinuación? ¿Cuál es la idea subyacente a lo que escribo? ¿Qué campo pretendo cubrir? ¿Cuál es mi verdadero propósito? Son trallazos que resuenan en la mente de quien escribe, mientras piensa en cuántos le habrán seguido hasta aquí. Y, la más crucial, ¿creerán que valió la pena? Aunque todas ellas sean preguntas perturbadoras, uno tiene que olvidarse de ellas. Lo que uno ponga en su texto, la interpretación o valoración que le dé, carece de importancia. Si su punto de partida es sincero, ya ha dado lo que tenía para dar; algo mucho más allá de una somera descripción. Desde ese punto, es capaz de contactar con la humanidad de los demás.

Como dijo Max Frisch hace años: "Uno es lo que es. Uno aguanta la pluma como si fuera la aguja de un sismógrafo. Porque, de hecho, no somos quienes escribimos sino que los escritos somos nosotros. Escribir quiere decir 'leerte a ti mismo'."

Más sensible aún que el debate con sus intenciones es la confrontación del autor con su oficio. Hay que cautivar a los lectores. Para eso, el vocabulario religioso (tan apropiado para transmitir emociones y que indudablemente forma parte de nuestro modo de pensar) puede ser de ayuda. La obra de Cohen lo deja meridianamente claro.

Los iconos modernos, en especial cuando su historia está fundamentada en un terreno religioso, tienen un impacto casi igual. Pero para Cohen y para mí, considerados cada uno dentro de su marco de referencia cultural, eso es solo un soporte. Para emprender ese viaje de descubrimiento interior, da igual que uno cree un protagonista pasivo o que recurra a otra persona para pedirle que le ayude; en cualquier caso se verá lastrado y constreñido con las limitaciones de su personalidad.

Así lo pone Cohen: "Desde que era muy pequeño he tenido esa cosa que me empuja a hacer algo. Solía ser con un papel. Hacer algo que funcionase, que se alzase de esa hoja, que cantara con voz propia. Algo capaz de conquistar corazones, que me hiciese aparecer bien y que me permitiese sentirme a mí mismo. Siempre creo que me estoy desmoronando; siempre estoy tomando medidas de emergencia. He probado el Prozac. He probado el amor. He probado las drogas. He probado la meditación zen. He probado el monasterio. He probado a dejar todas esas estrategias y vivir sobrio. Y el lugar donde hago inventario de todo esto es donde escribo mis canciones; cuando llego a ese sitio no puedo ser insincero con lo que he hecho. Es algo que empieza con un deseo de descubrir mi respeto propio. De redimir el día, de modo que no lo termines endeudado. Empieza con un deseo así."[5]

Cohen utiliza repetidamente la imagen de un hombre arrodillado. Para él, esa humilde posición es el punto de

5. Billy Walter. *Sounds*.

partida hacia el resultado final, tanto si se alcanza con el lenguaje común o a través de una ampliación de la realidad. Ésas son sus palabras: "Jamás he escrito con el lujo de poder escoger. Mis canciones han venido a mí. He tenido que rascármelas del corazón. Llegaron a trozos, uno cada vez, fragmentos en la ducha… No puedo predisponer una canción hacia una situación concreta o a nada del terreno político. Siempre ha sido algo que me han arrancado del interior. Si es que tienen algún valor, es porque han nacido en una especie de caldera que les ha dado una cierta calidad, y eso no es algo que yo pueda determinar. No tengo que ganar unas elecciones, no tengo que proponer un sistema que sea coherente, no me hace falta una visión clara. De hecho, ni siquiera tengo una visión. Lo único que me propongo es informar tan correctamente como me sea posible a cada momento."[6]

Cohen raramente recula de su propia vida, algo que yo hago a veces. Cohen coge su locura humana con una red y la inmoviliza con un alfiler sobre un cojín de fe orlado con algo de humor, para ponerlo todo en perspectiva. Su obra no es fruto de un hombre que desnuda su alma, sino de un buscador. Explora su alma y nos invita a contemplar el paisaje interior que va descubriendo durante su peregrinar, mientras suelta lastre y se desprende de todas las historias superfluas y todas las versiones de él mismo que carecen de relevancia, hasta llegar a lo "mínimo esencial". Al llegar ahí, se ve obligado a protegerlo, si más no porque ya no tiene nada más.

---

6. Gavin Martin. *N. M. E.*

Explica él: "Me veo obligado a bucear bajo mis opiniones; algo que hace ya mucho dejó de interesarme. Mis opiniones son muy predecibles. Puedo recurrir a ellas, sentado en una mesa con una copa, para mantener fluida la conversación. Es lo mismo que pienso de mis creencias; son muy previsibles, y las encuentro fatigantes. Por eso, para bordear mis opiniones, mis creencias o simplemente el eslogan y hacer aflorar la frescura que determina la calidad viva de una obra, necesito escribir mucho. Vas haciendo añicos de tus egos, hasta que no queda más que una trinchera, una palabra que puedes defender, a la que te puedes abrazar sin asfixiarte."[7]

La escritura como proceso artístico comprometido. Una imagen un tanto anticuada. A los ojos de muchos, inalcanzable. Y, no obstante… Por más que hoy día un escritor ha de ponerse en manos de la gente de marketing y, a no ser que siga las reglas del juego, no tiene ninguna oportunidad de intentar sacar lo que tiene dentro, todavía resulta posible trabajar con una cierta independencia, siempre que los tiempos corran a favor de uno. Aunque para ello haya que hacer una solitaria y totalmente sincera apuesta por uno mismo y su público.

Encerrado herméticamente en tu mundo, vives con el mandamiento de redescubrirte y reinventarte. Intentando atrapar una idea al vuelo y plasmarla de un modo sensible sobre el papel. Continuando como un fanático obseso, esclavo de aquello que te acucia. Tu pasión es

---

7. Doug Sanders. *Toronto Globe and Mail.*

ígnea, te quema; destruye lo que te ofreció al aparecer. Tu dedicación excede los límites de lo aceptable y lo permisible. El invitado se convierte en un tirano y se apodera de todo, sin permitir que busques tu camino en paz. Lo único que hace es emborronar papel, y te ves obligado a plantarle cara. Alzarte recto y dignamente ante el ojo del huracán; algo extremadamente difícil porque el mundo no está organizado para que la gente conserve y ejerza su singularidad. Pero como tu compromiso es total, lo que acaba finalmente sobre el papel es aquello más purificado, las cenizas de tu experiencia. Agotado, te vas; con cosquillas en la punta de los dedos de las manos, te alejas del escritorio.

Dicho de otro modo: la realidad no es muy benévola con esa existencia de los escritores que quieren que creamos plácida. Aunque no pensemos en ningún lujo, tampoco podemos aventurarnos a hablar de una verdadera elección. Es, simplemente, así. Esto es lo que uno hace, no tiene ningún mérito.

Como dice Cohen, "es algo que haces cada día y no puedes alejarte mucho de ello porque te olvidas de lo que es. Hablo de grados. Siempre pensé que tenía que sudármelo, pero no supe qué era eso hasta el día en que me encontré arrastrándome en ropa interior sobre la raída moqueta de una habitación del Royalton Hotel, intentando encontrar un verso. Sabedor de que me esperaban para grabar y de que me las tendría que arreglar con lo que ya tenía, porque no iba a ser capaz de encontrarlo. Cuando intentaba cantarlo, veía que provenía de mi aburrimiento y no de mi atención. Venía de mi deseo de terminar la canción y no de cualquier ansia de localizar una construcción que me absorbiera. Es una cuestión de intensidad. Continuaba siendo capaz de hacer malabarismos: una mujer, un sueño, otras ambiciones, otras tangentes. En cierto momento me di cuenta de que sólo me quedaba una pelota en el aire, y de que esto era La Canción. Todo lo demás había sido destruido o corrompido y no podía regresar: me había convertido en malabarista de una sola pelota. Hacía cosas increíbles con ella, sólo para compensar por lo absurdo de la presentación."[8]

De lo que se trata es de producir un trabajo con voluntad propia, un trabajo con envergadura y coraje que se enfrente a las coquetas florituras lingüísticas, la retórica vacía, la excesiva multiplicidad y el intelectualismo inane. El escritor, esa extraña alma que habita en ti, prefiere la sencillez a la prosa rimbombante. Se consigue mucha más profundidad con descripciones íntimas y sensibles que con un texto que se persigue a sí mismo sin cuartel. Aunque la duda sea tu compañera constante. Brel, capaz de caracterizar el carácter flamenco como nadie lo ha hecho, contó una vez que en esa extraña parte de Bélgica no se oía nunca a nadie que dijera "te quiero, como quiero a esta flor". Eso nunca es bastante; tienen que decir "te quiero, como quiero a esa montaña", y describir la montaña con todo detalle. Terrible. La consecuencia es que aquel que, por prudencia, se conforma con menos, con un texto donde las palabras y los silencios intercalados

---

8. Brian D. Jonson. *Maclean's*.

definan la experiencia, irá contra la corriente general. La modestia y el silencio sumiso, el lenguaje en el que uno puede expirar, sale siempre perdiendo de la proliferación de símbolos y de un lenguaje que, literalmente, revienta sus costuras.

Y continúas. Buscando ese libro, esa canción que detendrá la marea. Ese fragmento de texto que te dejará sin aliento. La alquimia que te permitirá refinar la fealdad hasta convertirla en belleza. Tu naturaleza única, más viva sobre el papel que en la realidad. Lo que el autor desea ver impreso es nada menos que ese "Yo" que le entiende a uno, en toda su complejidad y sencillez, mejor de lo que uno será capaz de hacerlo.

Sé que tuvo que hacerte daño;
debió herirte el orgullo,
tener que ponerte debajo de mi ventana
con tu corneta y tu tambor,
mientras yo esperaba
que se produjera el milagro.

Leonard Cohen[9]

Beautiful Losers, el *tour de force* de Cohen, dejó vacío a ese oscuro poeta con status de culto entre grupos muy minoritarios. El *The New York Times* lo proclamó uno de los libros de la década, pero ni aun así se vendió. Los afamados y reverenciados "libres sesenta" no eran lo

9. N. del T. *Waiting for the Miracle*.

suficientemente libres para esa amalgama de erotismo y violencia. Las distorsionadas escenas bíblicas, el anhelo de soltar la cohesión y el miedo a ser capaz de hacerlo, convirtieron a *Beautiful Losers* en un libro repulsivo y atemorizador. Cohen esperaba que le iba a permitir pagar sus facturas, y en lugar de esto se encontró atrapado: era un escritor que no vendía. Y necesitaba urgentemente dinero. Decidió irse a Nashville. Music City, USA, la capital del country. Pensaba que quizá sus poemas funcionasen como canciones country. Cuando tuvo que hacer escala en Nueva York, terminó alojándose en el Chelsea Hotel. A lo largo de los años, en el Chelsea habían vivido centenares de artistas, escritores y músicos; desde Dylan Thomas a Sid Vicious. Dice Cohen que "a partir del Chelsea ya no hubo marcha atrás"[10]. Fue bien recibido por la comunidad de artistas. Judy Collins aceptó algunas de sus canciones y pronto firmó su primer contrato de grabación.

Así como Bob Dylan había abierto una puerta utilizando textos hasta entonces inéditos dentro de la música pop, el papel de Cohen consistió en explorar el mundo más allá de esa puerta. La combinación de su sensibilidad poética, el ambiente de Montreal donde se había criado y la influencia de los escritores *beat*, condujo a resultados inesperados. Por sí solo, salvo quizá otro par de buenas canciones de Lou Reed y de alguna otra alma en pena, logró colocar a la poesía clásica en un contexto aceptable de rock. La palabra, hasta ahora su maldición, a partir de ahora sería diseminada de esa manera.

10. William Ruhlman. *Goldmine*.

Aunque hubiese sido lógico esperar que el éxito le complaciese, Cohen, en cambio, se convirtió en prisionero de polos opuestos. El mundo literario lo escupió porque escogió la música pop; los críticos de rock (que no le comprendían) se sentían intimidados por su obra y eran incapaces de ver más allá del cliché del neurótico atormentado que ha hecho de su morbidez una carrera. Como dice Cohen, "confundir lo serio con lo lúgubre no está bien. La frivolidad inconsciente nos puede destruir con la misma facilidad que la depresión obsesiva."[11]

Aquellos críticos demostraron ser incapaces de ver más allá de sus propias narices. No es el soporte, libro o canción, lo que define la calidad de una obra, sino su impacto. La falta de reconocimiento de aquellos encargados de otorgarlo puede resultar incómoda; aun así, representa una cierta tranquilidad, algo positivo. Al fin y al cabo, casi todo trabajo que parece atractivo es en parte subversivo; algo que es muy deseable.

Mientras, año tras año, el tiempo traza nuevos senderos. Con o sin viento, el molinero muele. La imagen del artista con la que nos despediremos de él en este capítulo, ha dejado de ser la de un solitario viviendo cerca del margen, un escritor cuyos textos difunden corrección y sensibilidad, para convertirse en la de un libertino que aparece en la tele. Contra ese telón de fondo, Cohen y un selecto grupo de almas gemelas han demostrado que no es necesario rebajarse a payasadas para trazar su propio camino en este mundo y encontrar una posición en la que se pueda vivir. Resulta perfectamente posible

11. Elizabeth Thomson. *Melody Maker*.

mantener puro tu “yo” y no compartir el bosque con los lobos. ¡Se puede ser un bello perdedor!

Capítulo 6
El oro del tiempo

Bien, ya sabes que me encanta vivir contigo,
pero haces que me olvide de tanto;
me olvido de rezar a los ángeles
y luego los ángeles se olvidan de rezar por nosotros.

Leonard COHEN[1]

Parece que hace mil años, cuando Cohen escribió esa estrofa, su lucha no había terminado aún. Sus *Songs from a Room* (*Canciones desde un cuarto*), las "memorias" de una habitación que vendrían después, evocaban a alguien que se había marchado. En estancias espartanas donde "sólo hay una plegaria" esperó toda la noche a oír "tus pisadas en la escalera", subrayando el dicho de que la esperanza es buena, pero que confiar en ella, no lo es.

En los poemas de *Flowers for Hitler* (*Flores para Hitler*) ya había admitido la imposibilidad de su relación con Marianne Ihlen; entonces, aún con esperanza: *Slowly I Married Her* (*Con calma me casé con ella*). Para *Parasites of Heaven* (*Parásitos del cielo*), Cohen ya lo sabía. En ese poema habló de su "cariño no capturado" y de las múltiples pesadillas que le atormentaban. Terminaba con

1. *So Long Marianne.*

la dolorosa conclusión de que *I Guess it's Time to Say Goodbye* (*Me imagino que es hora de decir adiós*). Él es un Cohen predestinado dentro de la tradición a la que pertenece. Ella no sólo es una mujer divorciada y con un hijo, sino, más aún, una *goyim*, una gentil. A muchos les puede parecer inverosímil que una relación fracase por razones así. En el mejor de los casos, uno puede intuir lo que significa nacer y ser educado dentro de la tradición judía; el peso de la ley y la tradición. Ningún juicio puede ignorar la realidad y riqueza de esa imagen.

Para los hasídicos, el espíritu no es más importante que el cuerpo, ni viceversa. La unión de un hombre y una mujer es un festín, una síntesis del *yin* y del *yang*; de lo humano y lo divino. Una festividad que puede, e incluso debe, celebrarse regularmente. La sexualidad y la filosofía son expresiones complementarias de la condición humana. Nos dice el Talmud al final de la *kiddushin*: "Cuando un hombre esté delante de su Hacedor, tendrá que rendir cuentas por esos placeres (otorgados por Dios) que no disfrutó." Y dice Cohen: "La idea de que hay una escalera de oro y mármol que conduce al conocimiento es una idea seductora, pero a mí me parece que para aprender es necesario romper algo antes. Ésa ha sido mi experiencia. Quizá sea posible evitarla, pero lo dudo. A no ser que el corazón se rompa, es imposible conocer nada del amor. Mientras no se colapse nuestro universo objetivo, no llegaremos a conocer nada del mundo. Creemos que conocemos el mecanismo, pero sólo cuando éste falla comprendemos cuán intrincado y misterioso es su modo de operar. De modo que es cierto, 'hay una grieta en todo'... toda actividad humana es imperfecta e inacabada. Sólo de esa manera podemos captar la noción de que en nuestro interior existe algo a lo que únicamente podemos acceder a través de la desilusión, la mala suerte y la derrota. Desgraciadamente, parece que es así."[2]

El autoproclamado *turista de la belleza* parece estar bastante resignado, pero ciertamente no se aparta de la dinámica de las relaciones. Sus poemas y canciones están transidos por emociones descarnadas y destructoras. Las obsesiones se alternan con levedades; la distancia, con la unidad; la lúgubre desilusión, con la concentrada melancolía.

De *Beautiful Losers* podemos sacar una conclusión: nos encontramos en un mundo repleto de obscenas y brutales emociones. Hurgar en ellas, buscando desesperadamente un toque de gracia, constituye un acto de amor casi absoluto. La unión del cuerpo con el espíritu es algo central: "Durante un bendito segundo, realmente no estuve solo." Este tema continuará estando presente en la obra de Cohen. Por mucho que el hombre aspire al arte y la autenticidad, la mujer es sencillamente lo mejor que puede acontecerle en su incompleta existencia. En ese punto de su vida, para reconciliarse con sí mismo y con el mundo, a Cohen las mujeres le resultaron indispensables.

Lo que la crítica vio en *Sounds* fue que era "quizá el disco más bello que se pueda poseer"[3], algo con lo que

2. João Lisboa. *Expresso*.
3. Brian D. Jonson. *Maclean's*.

estoy completamente de acuerdo. Ese grumo de necesidad humana, desespero y soledad, tomó posesión de mi cuarto. "Parece que hace tanto tiempo que Nancy está sola."[4] Independientemente de cómo nos presentemos en público, todos somos escandalosamente emotivos. Para mí, Nancy, la belleza pelirroja con la naturalidad de una ninfa del bosque, era tan inalcanzable como para Cohen lo fue la inaccesible reina de los hielos, Nico. Ella se quedó en el disco; yo me quedé con el recuerdo. La huída más suave posible pareció que tenía que ser un nuevo amor. Una oportunidad para tomar distancias con la mera sensualidad y proyectar el papel materno en mi vida. Sin descartar aquello que alguien más sabio describió como "la ortiga en el beso"[5], la decisión de entrar en ese tierno compromiso fue una decisión consciente y permanente. Independientemente del grado con que se limen las diferencias de ideología, fe y convicciones ante la idílica sexualidad, tarde o temprano, el amor va a encontrar su propio ritmo y camino. Al llegar a ese punto, el camino se abre de nuevo a los otros puntos focales de la vida del hombre; las ruinas son reconstruidas de nuevo. Cierto es que nadie se distancia del anhelo hasta que lo ha vivido. Ninguna mujer deja desaparecer el amor y el

4. N. del T. *Seems So Long Ago.*

5. N. del T. *Blue Valentines*. Tom Waits (*And the ghost of your memory, Baby, it's the thistle in the kiss*: "Y el espectro de tu memoria, cariño, es la ortiga en el beso."). No uno, como dice el autor, sino dos sabios; porque también, *If I were tickled by the rub of love*, de Dylan Thomas (*And what's the rub? Death's feather on the nerve?Your mouth, my love, the thistle in the kiss?*: "¿Y dónde está el truco? ¿En las cosquillas sobre el nervio de la pluma de la muerte? Tu boca, mi amor, la ortiga en el beso.").

compromiso de su relación mientras conserve la esperanza de reconducirla; mientras vea compensaciones a todo aquello que cree que falta en ella. Los hombres se implican con menor intensidad en la experiencia diaria de sus vidas. Aceptan sin pensárselo dos veces que su relación resistirá mientras las cosas vayan medianamente bien, sin elucubrar demasiado sobre el contenido exacto del término "amor". Casi nunca, por no decir nunca, ven los destrozos que sufre un lazo íntimo con el paso de los años. Y con la misma inexorabilidad que el viento arrastra las hojas caídas de un árbol, el tiempo aparta su ser amado. El final se les cae encima como un relámpago en un día de bonanza. Un desastre imprevisto, contra el que el desafortunado luchará con todas sus fuerzas, por más que sepa que es inútil hacerlo. Si hace falta, con una súplica literalmente arrancada de su corazón y bañada en lágrimas.

Cálida mariposa con manchas

Las palabras son exiguas, crispadas y frágiles.

¿Cómo pueden ellas, inermes víctimas de mi turbulenta mente, hacerte justicia a ti, a tu persona y al indescriptible impacto que tienes sobre mi vida?

Tú, que deleitaste mi vida en un momento en que el desconsuelo me tenía en sus garras. Fresca, internamente incólume, te entregaste a un melancólico que halló en ti la medicina más efectiva. Un hombre marcado por el repudio halló la curación, se sació en tu fuente y regresó a la vida.

Más adelante, el tiempo y el cinismo del mundo se apoderaron regularmente de nosotros, aunque nunca jamás llegaron a atraparnos del todo. Tu entusiasmo y el mío propulsaron a nuestro amor fuera del valle de las sombras, hasta más allá de las nubes, desde donde miramos con complacencia a las apretujadas masas de abajo.

Tu mente es como una mariposa. Agita despreocupadamente sus alas, disfrutando de una bella melodía, de una agradable conversación o una enriquecedora película, o descendiendo, concentrada y retenida, hasta un espacio donde se discute la profundidad y el contenido, digiriendo cuidadosamente toda la información disponible, pesándola y midiéndola hasta decidir el rumbo que hay que tomar.

Tu mente es bella. Se puede confiar en su honradez, su franqueza y su aplomo; en su capacidad de no juzgar, es arrolladora; deja espacio para cada idea, cada visión y versión, está preparada para comparar entre sí las respectivas verdades o condensarlas en cada uno de sus propios valores, tras cuidadosa consideración.

Tu mente es rica. Por la amplitud del espectro que abarcas, la comprensión que intentas aportar, la gentileza con la que juzgas y la impresión poderosa y firme que dejas en aquellos afortunados que llegan a conocerte bien; mejor de lo que permitiría un encuentro casual. Para mí, el más afortunado de todos, tu consejo es algo precioso, tu apoyo es el suelo que piso, y obtener tu aprobación, aprecio o admiración, es la mayor recompensa.

Tu cuerpo es como una mariposa. Teñido con manchas de colores, con un exclusivo pigmento en cada una de sus partes. Desciendo por la deslumbrante negrura de tu travieso y rizado cabello, puesto fronterizo en tu bello y provocador cuello, acariciando tu cálida piel. Allí, como escondido en el espesor, está el segundo ojo de la mariposa que con un guiño me está invitando; a mí, el considerado visitante.

En este travieso espectáculo no puede faltar un antojo, una marca de nacimiento que se presenta en un pliego suavemente ondulado, que me sirve de camino de ascenso. Aquí, como un ángel con las alas plegadas, la mariposa muestra su camuflaje más vistoso en un variegado espectáculo, que conduce en su apoteosis a la sumamente seductora pigmentación del lóbulo de tu oreja.

Tu cuerpo es bello. Por su resplandor, su pureza y la naturalidad que irradia, invitando sin pretensiones a las palabras cariñosas, que acepta complacientemente sin afectaciones ni ceremonias; sincera y conscientemente leal. Belleza y poder en una combinación casi perfecta, que afecta a un hombre mucho más de lo que puede hacerlo lo artificioso de las *top models* y las tallas "perfectas".

Tu cuerpo es rico. Desde tu voluptuoso seno con acogedores pezones, que te atreves a exhibir sugestivamente con fundado orgullo, hasta la derretida calidez del interior de tus muslos, me ofreces nada menos que el paraíso en la tierra. Y casi no me atrevo a hablar de tu divino triángulo, para mí sinónimo de la palabra "pasión", en su sentido más enfático. Ser autorizado a acariciar tus nalgas, poder sentir los luminosos poros de tu espalda bajo mis manos, es una experiencia física que constituye los momentos más penetrantes y duraderos de la vida de un hombre.

Yo, que intento colorear tu vida, llenarla de gozo y de felicidad, quiero continuar haciendo esto, jugándome todo lo que sea capaz de darte. Siempre has codiciado la vida que hay en mí, perseverando con la marea o diametralmente en contra de ella: aquí te pillo y aquí te mato. En esa actitud hemos estado conectados, y lo estamos aún, como ninguna otra pareja puede estarlo. Resulta enriquecedor pensar que en el futuro, mucho más que antes, atesoraremos esta unidad, si ambos tomamos la decisión deliberada de así hacerlo.

Las palabras son exiguas, crispadas y frágiles.

¿Cómo pueden ellas, inermes víctimas de mi turbulenta mente,

hacerte justicia a ti, a tu persona y al indescriptible impacto que tienes sobre mi vida?

Y luego se acaba; para siempre. Con el estómago en la boca pides el libro de reclamaciones para escribir palabras que son como puñetazos. Ladrillos del escritor. Jamás pensaste que esos materiales iban a ser empleados tan destructoramente en contra de ti. ¡Y por ella! No existe crítico ni reseñador, por vengador o negativo que quiera ser, que disponga de armas tan poderosas.

Dejaste que te amase
hasta que me convertí en un fracaso.

Hay muchas maneras en las que un hombre
puede cumplir su condena.

Leonard Cohen[6]

6. *Iodine.*

Tanto si la rotura es espectacular como si es casual, siempre queda el filo cortante del amor consumido. A través del mecanismo de la memoria percibes que, en realidad, el tiempo no existe. Al principio sólo queda el deseo, espoleado por el instinto; una huída del tiempo. Después te enamoras de alguien como ella pudo haber sido. Finalmente, echas la mirada atrás. La nostalgia por el amor pasado se parece a esa difusa añoranza de los esparcimientos con que mataste el tiempo cuando eras un niño. Pero ahora todo es diferente; es imposible regresar: vives en un ahora distinto.

Leonard Cohen nunca tuvo una relación con la dama que le sirvió "té y naranjas". Suzanne Vaillancourt, una embelesadora y bella mujer casada con un pintor amigo suyo, dejó pasar la oportunidad de un encuentro fugaz. ¿Quizá porque la plasmación de un anhelo lleva implícita su bancarrota? El hecho es que el artista cuya envergadura iba a expandirse con la primera visita al monasterio del *roshi* estaba a un paso de desmoronarse. La frase "si he sido poco amable" en *Bird on the Wire* (*Pájaro en la línea*) pone en perspectiva el problema. En el judaísmo, la amabilidad y la bondad, descritas por los rabinos como "el principio y final de la ley", son consideradas como las virtudes cardinales. Carecer de ellas es prácticamente lo peor que puede acontecerle a uno. Cohen pecó por partida doble: ante el Señor y ante su compañera.

Hay un pasaje en *Ezequiel* en el que el Altísimo expresa su admiración por la belleza de la mujer: "Te he dejado crecer como crecen las plantas en el campo, desnuda y desprovista de manto. Creciste, te hiciste mayor y llegaste a la edad adulta, la joya entre las joyas. Tu seno se ha hinchado y te ha crecido el vello púbico."

Cohen lo pone de esta otra manera: "No creo que un hombre supere jamás esa primera visión de una mujer desnuda. Es Eva quien se le presenta así, con el rocío matutino en su piel. Es la mayor satisfacción que pueda imaginar cualquier hombre. Todas las tristes aventuras de la pornografía, el amor o la canción, son meros pasos hacia esa sagrada visión."[7]

Naturalmente, esto nos obliga a preguntarnos qué entendemos por "sagrado", o, en el caso de que no seamos creyentes, por un "bien superior". ¿Las relaciones carnales? ¿El amor? ¿La intimidad? ¿Empezamos la lista con aquel primer beso? Todo ello está contaminado con el riesgo del rechazo, con la posibilidad de que *no vaya a funcionar*. Dejando aparte las necesidades más elementales, hambre, sed, salud, ésas son las cuestiones más importantes en nuestras relaciones con los demás.

Dice Cohen: "Supongo que la fuente de todo sufrimiento es el sentimiento de separación entre uno y todo lo demás. Una separación que siempre es ficticia, pero cuya ficción es siempre muy poderosa. La soledad o el vacío son siempre condiciones aterradoras."[8]

En el monasterio zen, Cohen encontró una nueva Suzanne. Tampoco esta vez se casó. Construyó el templo, consagró el relicario, pero rechazó el ritual. Cohen

7. John Wilde. *Blitz*.
8. Serge Simonart. *Ziggurat*.

considera que el matrimonio, esa tumba del amor, es "el verdadero monasterio de nuestros tiempos, una auténtica aventura espiritual".[9] Su lucha contra los convencionalismos, contra el concubinato del amor y los cálculos, aparece con pelos y señales en sus poemas *Death of a Lady's Man* (*Muerte de un mujeriego*). He aquí un fragmento, de una amargura inédita en él:

El amor es un fuego
que nos quema a todos.
Desfigura a cualquiera,
es la excusa que emplea el mundo para
tapar su fealdad.

Leonard Cohen

La lenta rotura incluiría todas esas cosas tan divertidas que forman parte de un divorcio. En *Lover, Lover, Lover* (*Amante, amante, amante*), el trovador se localiza a sí mismo, mencionando su fracaso como Cohen y con todas las tradiciones hebraicas implicadas en formar parte del clan; la base del restallido de la perdición. En *There Is a War* (*Hay una guerra*) deja claro que la madre de sus hijos no puede aceptar que él aspire a convertirse en escritor, al precio que sea. En el brutalmente sincero *The Price of This Book* (*El precio de este libro*), explica sin ambages que el resultado es desgarrador, cómo se ve obligado a mantener su amor y su obra estrictamente separados, o

9. Amélie Brusq. *Leonard Cohen – Spring 1996.*

renunciar a su “vida en el arte”, algo que “el miedo no me deja hacer”.

En el café *The Little Opera*, sintiéndome para el arrastre, perdido en el gran silencio, mucho más allá del llanto, busco un lugar donde abrigarme del frío y dar un poco de calor a mis entrañas. “Son las cuatro de la madrugada…”[10] En un mundo dominado por la presencia de gentes medio borrachas, desesperado porque te ves incapaz de vislumbrar un camino, de repente suena esa voz, esa canción. A tu apesadumbrada sombra acaba de unírsele otra; ya no está sola: hora de irse. El mundo espera.

Desde Edgar Allan Poe y Jack Kerouac hasta la última generación de escritores, pasando por los protagonistas de esta historia (en la que uno canta y escribe y el otro escribe sobre el que canta), encontramos ese pez que se muerde la cola: la siempre renovada soledad. Tullido emocional, empeñas la lánguida seguridad de la cama familiar para probar ese tan sobrevalorado “deseo”; el poder disruptivo del sexo. Primas el placer sobre el amor, abrazas sin dudar el lado dionisiaco de la vida. “Aunque sus palabras eran torcidas, la desnuda magia se impuso.”[11] Una convocatoria para aquellas mujeres que no quieren ser amadas, sino deseadas. Aunque, sin darte cuenta,

10. N. del T. *Famous Blue Raincoat (Songs of Love and Hate)*.
11. N. del T. *Magic Is Aftoot*. Escrita por L. Cohen y Sharon Robinson. Grabada por Diana Ross.

la loa al erotismo del corazón errante y la búsqueda del placer físico inevitablemente te arrojan a un vacío que, para no andarnos con rodeos, es franca y grotescamente demoledor. Todos cuantos no somos vírgenes, sabemos que lo que convierte a un mero trámite carnal en algo emocionante, lo que hace que ese cuerpo te inspire lo que te inspira, es el amor. Y deberíamos saber que el que soltemos las riendas de nuestra sensualidad no nos autoriza a ver a las mujeres únicamente como criaturas sexualmente interesantes.

¡Oh amor elegido, oh amor congelado,
oh maraña de carne y fantasma,
oh encanto de los ángeles, demonios y santos,
y del anfitrión de corazón desgarrado,
pacifica esta alma!

Leonard Cohen[12]

El contrapunto del vate apaga el fuego de los bajos. Él mismo describe a esa obra maestra suya que es *The Window* (*La ventana*) como un oratorio destinado a propiciar la reunión de las dos partes del alma. En realidad es más: es una creación en la que consigue dar voz a la ulterior confluencia de Dios y la mujer. Sin usar explícitamente términos como "belleza" o "solaz", esos son los sentimientos que insuflan la obra. El deseo se trueca por paz. Esa aspiración a un roce con lo divino, durante un

12. N. del T. *The Window*.

instante, como en un estado de gracia, te es concedida. "Luego pon tu rosa en el fuego..."[13]

Es una batalla de la que nadie emerge indemne. Desearías que alguien te diera un buen antídoto, pero sostienes en la punta de tus dedos cada nuevo amor que vas a perder. La saboreas, te la acercas a ti para que no se vaya, por más que la marea ya se la esté llevando para siempre. Y por mucho que te sientas "tan próximo a todo lo que hemos perdido", la verdad es *que lo has perdido*. Para toda la eternidad. Lo único positivo es que, al haberlo perdido, ya no lo puedes perder más...

"Nunca tendremos que perderlo de nuevo", dice Cohen. "Aunque la gente cambie y envejezca, aunque el cabello se vuelva gris y los cuerpos se deterioren y mueran, creo que hay algo que no cambia. Hablo del amor y de los sentimientos que tenemos hacia las personas. Marianne... Cuando oigo su voz por teléfono, me doy cuenta de que hay algo que está completamente intacto aunque nuestras vidas se hayan separado y cada uno haya seguido caminos muy diferentes. Creo que el amor nunca muere y que cuando te encuentras con una emoción que es lo suficientemente fuerte para sustentar una canción, es porque hay algo de indestructible en esa emoción."[14]

El poeta ha recorrido camino desde aquel día en que dejó atrás el río San Lorenzo. Ahora se ha dado cuenta de que si pretendes arribar a puerto no puedes navegar con los ojos vendados. No es que desespere del amor, pero ve

13. N. del T. *Field Commander*.
14. Paul Zollo. *Songtalk*.

que harán falta tiempo y disciplina para llegar a él. Más aún; sabe que siempre será el segundón de su escritura. Todo y saberlo, una nueva relación acaba desvaneciéndose. Cohen no encuentra profundidad, contacto ni unión. La comunión total, postulan los románticos, no puede darse entre personas que no compartan la misma actitud espiritual. Digámoslo mas claro: la comunión total es simplemente imposible. Esta vez no pasó años subiendo penosamente la cuesta. Tras un silencio, regresó de su retiro con *Book of Mercy*, una colección de salmos con la que se introduce de nuevo en el mundo.

La primera vez que me di cuenta de que me había casado con la escritura, ese reconocimiento resultó ser la mejor medicina para la tristeza, la nostalgia y la melancolía. Al relegar a un segundo plano a *la fièvre juponnière*[15] conocí un alivio casi banal. Nada de dolorosas tragedias, nada de empatías emocionales; sólo el papel. Poco a poco, el camino me llevó en dirección al teatro y, eventualmente, al presente libro. Y de pronto se me rasgó el decorado. Mi vida como un excéntrico ligeramente nostálgico se vio enriquecida por una relación difícil aunque bienvenida. No existen las coincidencias: "Cuando dejas pasar a tu propio amor, éste se hace real; cuando no está atado, cuando no se osifica al enfocar rígidamente a otra persona, irradia en todas direcciones porque está en el centro de un campo de fuerzas para el

15. N. del T. En francés en el original. Literalmente, "estado febril en el que a uno le gusta todo lo que lleve faldas, menos los escoceses". Ardores juveniles.

que no hay adentro ni afuera, que no contempla nada, ni necesita ser contemplado."

Un barquero; un ser que insufla alma en la vida. Hay muchas mujeres jóvenes que piensan en términos así de grandilocuentes. Pero hay muchos grados de amor. No todos somos capaces de transmitir ese tozudo "no voy a ser rechazado". Cuando el mundo es demasiado grande y uno demasiado pequeño, cuando te sientes oprimido, únicamente puedes pensar en huir; si es posible hacia los brazos de tu amada.

Así lo ha expresado Cohen: "Todos, todos los corazones que amar, vendrán. Pero como refugiados." También él probó de nuevo: con la actriz Rebecca De Mornay. En vano. Cohen: "Paso la mayor parte de mi tiempo escribiendo canciones. Ése es el porqué del colapso de mi vida personal. Ella se dio finalmente cuenta de que no se puede contar conmigo como marido con quien tener más hijos y todo eso. Me lo pasé muy mal durante ese proceso, de modo que quizá ahora vaya a sentirme mejor. Aunque no lo creo. ¿Qué haría si fuese así? ¿Probar drogas nuevas? ¿Comprar vino caro? No lo sé. Hay una sola cosa que me parece la respuesta más suntuosa y lujosa al vacío de mi propia existencia: la religión. Real, profunda y voluptuosa: un entretenimiento delicioso. El único festejo de verdad que está a nuestro alcance se encuentra dentro de ese reino. No hay nada que se le acerque. Excepto si estás cortejando; cuando eres joven el empuje hormonal conlleva su propio alboroto."[16]

---

16. Pico Iver. *Buzz*.

Me atreví a mirar a la luz
y desde entonces no veo.

Una cantidad horrorosa de personas viven sus vidas en un silencioso desespero, sin conseguir plenamente vivir. Quedan atrapadas en un amor del pasado y vuelven a revivir los miedos y limitaciones de una relación pasada. Es hora de despertar, de tocar el cuento con la varita mágica. Las dos vidas con las que trenzo este libro, no me cansaré de repetir que con todas sus diferencias, sirven de prueba de que el amor enriquece la existencia. Frente al dolor de vivir, el amor, el verdadero amor, es más que un placebo.

En el engañosamente seductor *Love Itself* (*El propio amor*), con sutiles acordes de guitarra y piano incluidos, Cohen utiliza la luz como metáfora de los rayos de amor que Dios sopló en "el polvo que raramente observas" para definirnos. En una experiencia de ese calibre, hasta la necesidad de amor se desvanece. Desaparecen las ambiciones y las aspiraciones espirituales. Puedes relajarte completamente, dejarte ir y fundirte en tu ordinaria humanidad de cada día.

Intentaré decir algo más:
el amor continuó
hasta que llegó a una puerta abierta.
Entonces hasta el mismo amor
se fue.

Leonard Cohen[17]

17. *Love Itself.*

Cuando el diablo se vuelve viejo, quiere hacerse monje

(ANTIGUO REFRÁN CHINO)

A lo largo de los años, Cohen ha sugerido en sus letras que el declive y los conceptos que alteran nuestro paisaje interior de un modo tan completo tienen mucho que ver con un estado general de la mente que empaña nuestra estructura social. Cohen no sería quien es si en ese caso no apuntara nuestra atención hacia el mensajero: "Lo que yo siento no es muy distinto de lo que sienten los demás. No todos, pero sí muchos, sienten cuanto yo siento o lo sentirán. Es cierto que me sentí como si las cosas se rompieran a mi alrededor; pero es que, ¿sabes?, yo me estaba rompiendo."[1]

Esclavos de nuestra búsqueda, cada forma de conciencia es más un principio que una meta. Tanto si el camino de una mayor conciencia nos lleva hacia la religión, la espiritualidad, la cultura y la perfectibilidad relacional, como si no lo hace, la vida continúa empujándonos sin respiro. ¿Y nosotros? Nosotros seguimos. Deseamos conducir el baile y a veces, incluso si es sólo un momento, creemos que lo hacemos. Pero dejarnos llevar mientras buscamos a tientas nuestra ruta, es algo que hemos aprendido a hacer entretanto.

---

1. Amélie Brusq. *Leonard Cohen – Spring 1996.*

Dice Cohen: "El quehacer humano tiene que ver con el sufrimiento y la pérdida. Cualquier cosa que hagamos constituye un triunfo sobre esas realidades de partida. Todos sufrimos y todos intentamos encontrar un escape a ese sufrimiento. Todos nos sentimos solos y todos intentamos huir de esa soledad. A medida que te vuelves viejo, te das cuenta de que *tienes* que sentirte roto. Que romperse forma parte del proceso de crecer."[2]

De modo que a una edad más madura aprendes a vivir con tus fracasos. El pasado no cubre como un nubarrón oscuro tu presente. Sabes que pronto todo mejorará, que pronto te verás libre de toda esperanza. Se escribirá el testamento de tus pretensiones. Gozar no es ser. De lo que se trata es de olvidar. Incluso si la vida no parece estar hecha a tu medida, este hecho dejará de hacerte sufrir y a partir de ese momento te mantendrás aparte de toda competición. Quizá envejecer sea sinónimo de aceptar todas las pérdidas. Sea como sea, la paz interior que se asocia con alcanzar una cierta edad es un artículo muy buscado: todos queremos encontrar paz.

Así lo pone Cohen: "En mi caso, tuvo mucho que ver con el hecho de hacerme mayor. En algún sitio leí que cuando te acercas al final de la madurez, las células cerebrales relacionadas con la ansiedad empiezan a morirse. De modo que, en cualquier caso, empezarás a sentirte mejor de lo que te sentías, tanto si intentas convertirte en una persona más espiritual como si no lo intentas. Conozco a muchas personas mayores que están muy preocupadas y amargadas, pero por suerte éste no es mi

---

2. Diethard Küster. *Leonard Cohen*.

caso."[3] Para profundizar en el asunto, el bardo recurre a su experiencia en el monasterio. "Fue al darme cuenta de que no llegaba a adquirir una comprensión de lo que el viejo maestro estaba intentando decirme. No podía salir de mi contexto. No entendía nada y quizá no estaba destinado a entenderlo. Es posible que tuviese que dejar que se posara en mi corazón, antes de que vivir se convirtiera en algo más tranquilo. Pero algo cedió en mi interior. La única cosa que tuve segura en mi proceso de convertirme en un monje fue que el *roshi* comprendía mis dificultades y mi desagradable situación interior y que reaccionaba espontánea y proporcionadamente ante todo ello. Tanto si desechaba todos tus pequeños problemas como si los aceptaba, siempre hablaba a aquella parte de tu naturaleza que estaba completamente desarrollada, madura e iluminada. Así pues, las cosas que decía resultaban a veces ininteligibles hasta que profundizabas tu comprensión y te dabas cuenta de que se estaba dirigiendo a la parte más íntima y real de tu corazón. Desde el principio, el *roshi* se encara con esa parte de ti que deseas encontrar, y lentamente te vuelves capaz de observarla de una manera ambigua, difusa y vaga."[4]

Por mucho que desease escribir este libro y por mucho que ese testimonio creciese en mi interior, a mí, treinta años más joven que Cohen y desprovisto del sabio consejo de un vejo maestro zen, construir los dos últimos pilares del proyecto que tenéis entre manos me hizo

3. Brian Cullman. *Sincerily, Leonard Cohen.*
4. Martin Oestergaard. *Euroman.*

sudar tinta. Al fin y al cabo, uno tiene que ser capaz de confrontar los hechos sin escudarse en nada; tanto si te son desconocidos como si te son tan familiares que te dan miedo. La vejez y la muerte; algo que no suele preocupar a los jóvenes. Pero que, en cambio, la gente de una cierta edad percibe en las sensaciones y cambios que les acontecen. Para el Talmud, la comprensión llega a los cuarenta años. El libro es sabio. A los cuarenta años tienes menos certezas que antes sobre tu futuro, y, sin embargo, te sientes mejor de lo que sería lógico esperar en esa situación. Es el principio de un nuevo período; es el tiempo de madurar: o creces o mueres. Los hombres maduramos tardíamente.

Cuanto más viejo te haces, más sólo te sientes, y mayor es el amor que te hace falta.

roshi Josua Sasaki

Es una situación que hay que evitar, una situación en la que raramente conoces a nuevas personas, en la que pocas cosas pueden alterar tu equilibrio y en la que casi nada es capaz de entusiasmarte. Para muchos, éstas son las imágenes que marcan a la vejez. Y en eso, los escritores tienen una inesperada ventaja: casi siempre se han sentido solos. Dos ventajas en realidad, porque su existencia contemplativa raramente se ve desestabilizada. Hay que estar atentos a los signos, porque si tu entusiasmo es estimulado por el cinismo estás siguiendo el sendero equivocado y la depresión anda emboscada en el siguiente recodo.

Cohen, quien a los cuarenta años se describió a sí mismo con imperturbable bondad como "demasiado viejo para suicidarme", ve con tristeza el creciente número de viejos deprimidos que se suicidan. Por mucho que la depresión pueda ser la arenilla que pule la perla, su propia batalla ha terminado. Leonard Cohen ha dejado de ser un alma desgarrada obligada a pelear por una existencia decente. Una vez más, se opone a la corriente reinante. A pesar de las famosas palabras de Tennessee Williams, "La vida es una obra de teatro bastante bien escrita, salvo en su tercer acto", el poeta disfruta con el proceso de volverse viejo. Le permite asir un cierto número de cosas y sondear los misterios de nuestra existencia terrenal. Se encuentra perfectamente cómodo al observar los estragos del paso del tiempo en él, sus amigos y sus hijos, un proceso que puede fácilmente considerar como una culminación, y dice: "Es realmente un período fascinante."[5]

Lo que no implica que el obligado ritmo de vida más lento y la disminuida arrogancia tengan un cheque en blanco. Incluso ahí puedes enfrentar a la vitalidad contra la mortalidad o contra la renuncia a las expectativas. El joven lírico, el meditativo adulto, el anciano que echa la vista atrás; ninguna de ellas es una certeza irrefutable.

Cohen admite que pueda haber algo de verdad en los arquetipos, pero "la idea de que tu ímpetu creativo se agote al alcanzar los treinta años, que tengas que inmolarte en esa pira de energía y sexualidad para después regresar a cuidar la casa, es simplemente errónea. Las

5. Alan Jackson. *The Observer*.

llamas continúan siendo intensas. A medida que te haces viejo, te apasionas incluso más por todo. Al deshacerte de las férulas que constriñen e inhiben tu pensamiento, y al dejar que se manifiesten tus sentimientos, liberas una cierta clase de energía."[6]

Aunque mientras uno era joven, ese chorro de energía podía llevarle a una arrogante ferocidad, ahora uno dispone del espacio para cincelar a fondo en una intimidad casi silenciosa. Quienes no quieran ver una sabiduría oriental en la obra reciente de Cohen, podrán fácilmente adscribir su explícita serenidad a la experiencia de los años, diciendo que son reflexiones de una mente extraordinaria, conformadas en un nuevo camino por el paso del tiempo.

Esto es lo que él dice: "Creo que la imagen de un hombre mayor vestido con un traje, fumándose un cigarrillo y hablando con delicadeza sobre su trabajo, es algo que siempre me ha hecho gracia. Si logras resistir el tiempo suficiente, encuentras que una cierta gentileza y una especie de invisibilidad empiezan a arroparte. Esa invisibilidad es algo esperanzador porque probablemente irá en aumento. Y con la invisibilidad, que es algo opuesto a la celebridad, algo parecido a una sombra que puede circular de estancia en estancia sin ser observada, viene una hermosa calma."[7]

6. Gavin Martin. *N. N. E.*
7. Mireille Silcott. *Saturday Night Online*.

Explayarse en el ahora: vivir, escribir y disfrutar al máximo de cada momento. Hete aquí una preciosa combinación para no perder tu lucidez. Si, con Cohen, puedes llegar a comprender tu aislamiento y encontrar en él un equilibrio, te resultará más fácil captar la esencia de esa trivial e insignificante existencia nuestra. Adquirir esa perspicaz sabiduría es algo de un valor inmenso. Al margen de toda historia individual, sin que las memorias superfluas lastren el camino de la vida, se te va a permitir vivir el tiempo que te quede sin más conflictos internos, "escribiendo sobre lo que fueron nuestras vidas", para utilizar las palabras de Richard Klinkhamer.[8] En consecuencia, vosotros, amables lectores, podéis leer este libro como si fuera un estudio preliminar, un testamento. El resultado de una búsqueda de conciencia, espiritualidad, pasión y amor. Y de pérdida.

Perdí mis costumbres en ciernes
para escapar del tiempo.
Siempre noviembre, siempre lloviendo.
Siempre ese corazón en vano.
Siempre.

J. C. Bloem[9]

8. N. del T. Richard Klinkhamer es un intelectual holandés que ha escrito un libro titulado *Miércoles, día de la albóndiga de carne*. Con este horroroso título encabeza el relato de un asesinato, el de su esposa Hannie. Klinkhamer, de 62 años, acudió a la policía en febrero del 2000 para declararse culpable del asesinato de Hannie; su abogado le aconsejó postergar la puesta a la venta del libro para que no le perjudicase en su proceso judicial.

9. N. del T. Jacobus Cornelis Bloem (1887 –1966), escritor y poeta neerlandés.

Capítulo 7
A veces un hombre debe tener cuidado con no perder la voluntad de morir

Los ponis galopan,
las chicas son jóvenes;
los pronósticos son para que no se cumplan.
Ganas un rato
y luego acaba
tu pequeña racha ganadora.

Leonard COHEN[1]

¡Ah, la vida! En el siglo pasado, era difícil encontrar a un escritor más crédulo e inocente que Ernest Hemmingway. Un corresponsal de guerra borrachín, mujeriego, amante de los gatos y aficionado a correr delante de los toros. La lista de todo lo que hizo es demasiado larga para ponerla aquí. Porque Hemingway sabía que todas las historias terminan mal. Da igual que pienses que la vida es un barco gris de profundo calado del que tarde o temprano se desembarca o que te veas como un ágil bailarín que hace piruetas en medio de torbellinos de

1. N. del T. *A Thousand Kisses Deep.*

cenizas. No dejas de ser una cuestión temporal y muy relativa. Cuando a los trece o catorce años empecé a percibir qué es la vida, tengo que decir sinceramente que quedé pasmado por el hecho de estar aquí. Me pareció algo ilógico. Ilógico, arbitrario y, en algunos momentos, absurdo. En un tiempo donde brama la ética autoritaria del genocidio, ¿qué otra podía ser la reacción de un niño judío, hasta ahí protegido del mundo exterior, al toparse con la realidad?

Por fortuna no puedes desandar el camino, regresar a los momentos luminosos de tu primera infancia. Nunca: algo que para muchos constituye un suplicio de Tántalo. Comprensible si se mira cuán insincera y ambigua es la representación de la vida y la muerte que en nuestra cultura nos es transmitida y transmitimos a nuestros descendientes. Casi todos nos comportamos como si fuéramos a vivir eternamente. Somos todos jóvenes, guapos y ricos. Nadie se pone enfermo y, si lo hace, los fármacos pronto ponen fin a eso. Un niño capta instintivamente que esa representación no es exacta, que no respeta los hechos; pero la acepta hasta que se enfrenta a algo que le deja helado: la muerte. Imprevista, áspera y brusca; un punto de ruptura. Cuán inmensamente más sensible sería hacernos comprender a todos el modo repentino en que puede acabarse la vida. No sólo nos estimularía a meditar más nuestros actos, sino que haría que cada uno de nosotros desarrollase su aproximación personal a la muerte y el morir; algo que sería útil y sabio. ¿De qué otro modo puede uno envejecer serenamente? ¿No *pensando* en la propia mortalidad? Da la impresión de que ése pueda ser el punto de partida que garantice una existencia trágica.

Por desgracia, la civilización occidental no sólo ha olvidado cómo llorar la muerte de alguien y cómo sentir la tragedia de vivir, sino que tampoco es capaz de tratar con dignidad la esencia de nuestra existencia. Una esencia que muchos opinan que sería mejor ocultar, dado que el hombre no es sino lo que oculta, y lo que camufla en este caso es su propia mortalidad. El hombre occidental se haría sabio si aprendiese a llevar con dignidad, día a día, la conciencia de lo efímero de su ser. La muerte no es triste. Ni es absoluta. Es algo que, si pone las cosas en perspectiva, si ayuda a que nos demos cuenta de que problemas y felicidades acabarán un día, puede resultar saludable. La muerte da al traste con ese sentimiento de haber sido arrancado de raíz, algo que forma parte del concepto de "hogar". ¿Puede concebirse un mayor retorno a la tierra original?

Pero en tanto no llegue el momento de hacerlo, el artista quiere, naturalmente, acabar su historia: ese libro, esa canción.

De modo que continúas, intenso, obsesivo, casi neurótico, hasta que florece la última rosa de tu verano. Te empeñas en transportar los sueños a la realidad, animado por el consejo de Beckett: "Fracasa, fracasa de nuevo, fracasa mejor." A un nómada del lenguaje le resulta impensable alejarse de la certidumbre; no hablemos ya de propagar el cinismo. Su trabajo se apoya en la realidad, no permite que nada la empañe. Tozudamente continúa en su empeño de informar, tenga los años que tenga. Naturalmente, tiene clara su mortalidad. El historiador cultural que cada escritor lleva encerrado dentro se despierta a intervalos regulares para explorar las fronteras de la ciencia (exacta o no) y de la no ficción (que corre el riesgo de convertirse en ficción cuando se intenta capturar en palabras). Un artista vive en el convencimiento de que dentro de cincuenta o cien años nadie se acordará de él. Como máximo, puede que algún despistado arqueólogo de la cultura se tope con el nombre mientras revisa papeles, DVDs u otros sistemas de archivo que se utilicen de aquí a entonces.

¿Un pensamiento circunspecto? Sí. ¿Descorazonador? No. Un sentimiento de temporalidad bien llevado puede hacerte sentir más libre. El núcleo de la literatura está formado principalmente por sombríos suspiros y lloriqueos sin fin acerca de lo finito de nuestro existir. Desafiar al fatalismo en esa luz, es prueba de un desapego superior. En el muy tenebroso *Closing Time* (*Hora de cierre*), Cohen cantó acerca de "la espantosa verdad, ésa que no se puede revelar a los oídos de los jóvenes". Casi diez años más tarde, consideró que su público había madurado lo suficiente para hacerle partícipe de unas cuantas perturbadores verdades. Él mismo admite sin problemas que en muchas de las canciones de *Ten New Songs* (*Diez nuevas canciones*), la muerte está prominentemente presente. Así lo dice, sin trazo de queja: "Éste es el mar donde nadas a medida que te haces viejo. Creo que cualquier persona de 67 años tiene bastante claro que los límites están, digamos, muy visibles."[2]

2. Frank DiGiacomo. *The New York Observer*.

Desnuda tu corazón.

Cuando los placeres terrenales, grandes y pequeños, están en las últimas y parece que lo único apropiado para irse a la cama sea un cuento amargo, caen las postreras máscaras. Es para muchos el momento de la confrontación final con la mirada de Dios. Él, el registrador de las muertes, no otorga ninguna importancia al trapicheo religioso. Al presentarse la muerte, la mortalmente aterrorizada persona que se asoma a ese precipicio es incapaz de hacer abstracciones y calibrar la situación con una cabeza fría. Sólo quiere soltar el lastre que acarrea en su corazón, liberarlo para emprender su último viaje.

¡Ah el viento!, el viento sopla.
Entre las tumbas, el viento sopla.
Pronto llegará la libertad;
entonces saldremos de las sombras.

Anna Marly y Hy Zaret[3]

Abril en diciembre. Debe ser el último deseo ideal. Que llueva. Que hiele. Que haya una tormenta. Nada es excusa para renegar del fin. Somos bosques con casi todo talado. La vida ha sido vivida. No hay necesidad de llorar; soltar las amarras de tus ambiciones es un alivio. Es un hecho que aceptas la misión que te llevará a la muerte. Entonces, los rayos del sol perforan las nubes.

3. *The Partisan.*

Como la figura de *El grito* de Munich, aúllas una última vez. Un rugido en el que compactas lenguaje y poesía, palabras y música, porque es el último adiós, tu recordatorio funerario. Te espera un nuevo viaje. *Oh Mort, vieux capitaine, il est temps! Levons l'ancre!*[4] (Oh Muerte, vieja capitana, es la hora ¡Levemos anclas!)

que veinte siglos
pasaron en un suspiro
y en su corazón,
se hizo
una antigua paz.

Hendrik Marsman[5]

Krishnamurti, el gran filósofo indio, dice que si deseas descifrar la vida te harán falta tres cosas: tiempo, dolor y muerte. La vida no puede vivir sin la muerte. Apolínea o cejijunta, discreta o desmesurada... la muerte es nuestro último acorde atonal. Leonard Cohen, hermoso perdedor por excelencia, así lo ha aceptado. No le hacen falta hipérboles ni decorados. La terrenal verdad, por favor, y con ella la ulterior redención. Si te mantienes desapegado y sobrio, incluso es posible que no te lo pases mal.

---

4. N. del T. Charles Baudelaire.
5. N. del T. Poeta neerlandés (Zeist, 1899-en alta mar, 1940). Representante de la joven generación de entreguerras.

Como un pájaro en la línea,
como un borracho en un coro de medianoche,
he intentado a mi manera ser libre.

Leonard Cohen[6]

P.S.

Escribí el libro que sentía que tenía que escribir. Sólo deseo que, al acabar de leerlo, sintáis que podéis escuchar las viejas canciones con oídos nuevos.

Marc Hendrickx

6. *Anthem.*

Colección Testimonios

1. Carles Casals, *Expulsados de su tierra. Las personas desplazadas por la fuerza en el mundo*, 2004.
2. María Dolores Boixadós, *Identidades perdidas. Relato de un enfermo de Alzheimer*, 2004.
3. Herminia Esteban, *Un viaje solidario. La aventura de dos cooperantes en Centroamérica*, 2004.
4. Roland Yuno Rech, *Zen o el despertar en la vida diaria*, 2004.
5. Edouard Kabagema, *Un pueblo descuartizado. Genocidio y masacres en Ruanda*, 1994, 2004.
6. Perpétue Nshimirimana, *Carta a Isidore*.
7. Ernest Ibánez, *Satchitananda. Diálogos en el absoluto*.
8. Francisco Salamero, *Mujeres singulares. Semblanzas femeninas de la época medieval*.
9. Jerónimo Ortiz Sistach, *Año 1936 y siguientes*.
10. Daniel Tourón Sala y Pilar García-Sedas, *Chinchachoma. Escolapio y callejero mexicano por convicción*.
11. Marc Hendrickx. *Leonard Cohen, un busccador de la verdad. El hombre, su poesía y su obra*.